U0367407

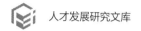
人才发展研究文库

全国教科规划国家一般课题：
高校海归青年教师首聘期满意度时空分异、影响因素与政策机理（课题编号：BIA160116）成果

我国高校海外人才
引进政策变迁与改革研究

Research on the Transition and Reform of
Overseas Talent Introduction Policy of Chinese Universities

朱军文　著

上海交通大学出版社
SHANGHAI JIAO TONG UNIVERSITY PRESS

内容提要

本书是全国教育科学规划国家一般课题"高校海归青年教师首聘期满意度时空分异、影响因素与政策机理"(编号:BIA160116)的成果,是一本聚焦我国高校海外人才引进、使用政策变迁与改革研究的学术著作。全书在逻辑上分为三个相互关联的部分,共有八个章节。第一部分包括三章,分别从国家层面、省市层面、学校层面出发,各有侧重地研究我国海外人才引进政策的变迁、存在的不足以及应对的解决措施;第二部分也包括三章,分别聚焦对海归人才发展具有关键影响的高校预聘—长聘制度改革、薪酬政策改革和科研评价政策改革等重点议题进行专门的探讨;第三部分是对未来改革的展望和建议,提出了从竞争性为主的人才支持政策向普惠性人才支持支持政策逻辑转变的理据,提出了改进我国海外人才引进政策的若干建议。全书在采用问卷调查和访谈方法基础上,也运用履历分析、内容分析和话语分析等方法,对引进人才的质量与职业流动,人才引进政策供给内容与个体政策需求等进行了较为详实的实证研究。本书对从事高校人才政策研究的学者具有一定的理论借鉴价值,对高校人事部门的管理者和各级政府部门从事人才管理的同志们,具有一定的实际参考价值。

图书在版编目(CIP)数据

我国高校海外人才引进政策变迁与改革研究/ 朱军文著. 一上海:上海交通大学出版社,2023.6
　　ISBN 978 - 7 - 313 - 28556 - 0

　　Ⅰ.①我… Ⅱ.①朱… Ⅲ.①高等学校－人才引进－研究－中国 Ⅳ.①G649.2

中国国家版本馆 CIP 数据核字(2023)第 062438 号

我国高校海外人才引进政策变迁与改革研究
WOGUO GAOXIAO HAIWAI RENCAI YINJIN ZHENGCE BIANQIAN YU GAIGE YANJIU

著　者:朱军文
出版发行:上海交通大学出版社　　　　　　　地　址:上海市番禺路 951 号
邮政编码:200030　　　　　　　　　　　　　　电　话:021 - 64071208
印　制:上海新艺印刷有限公司　　　　　　　经　销:全国新华书店
开　本:710 mm×1000 mm　1/16　　　　　　印　张:11.5
字　数:165 千字
版　次:2023 年 6 月第 1 版　　　　　　　　　印　次:2023 年 6 月第 1 次印刷
书　号:ISBN 978 - 7 - 313 - 28556 - 0
定　价:78.00 元

编 委 会

总　序

　　党的十八大以来,习近平总书记高度重视人才工作,就如何识才、爱才、敬才、用才作出一系列重要论述和指示批示,为新时代人才工作指明了正确方向。党的二十大报告强调,人才是第一资源,是全面建设社会主义现代化国家的基础性、战略性支撑之一,将人才工作提到新的战略高度。深入实施新时代人才强国战略,建设高水平人才高地,为中国式现代化的实现提供人才保障,需要聚天下英才而用之,创新人才流动、人才管理、人才评价、人才激励等体制与机制;需要变革人才培养模式,自主培养造就一流科技领军人才和创新团队,一大批各行各业的创新人才、卓越人才;更需要运用多学科视角及研究方法对人才相关的基础理论、创新政策与特色实践开展深入研究,从而不断推动人才工作的实践创新,这也是时代赋予人才研究工作者的使命担当。

　　华东师范大学是改革开放以来国内最早聚焦人才问题开展学术研究、专门人才培养和中国特色人才学学科建设的一所研究型大学,华东师范大学人才学研究起源于 1980 年。四十多年来,学校基于不同院系和学科资源,先后设立了多个人才相关的创新团队及研究机构,在学术研究、专业服务、人才培养等方面积累了诸多成果,有效推动了高校人才学科发展,产生了广泛的社会影响。2021 年底学校对已有人才研究平台及学科资源进行高位整合,组建了"华东师范大学人才发展战略研究院"。研究院秉持开放、合作、共赢的理念,融学科建设、人才培养、科学研究、学术交流、决策咨询、专业服务六位于一体。重点聚焦"人才学基本理论研究""人才发展战略""创新人才培养与发展研究""人才流动与全球竞争力研究"等特色研究方向,着力打造高水平的人才理论研究平台以及服务党和政府人才决策的高端智库。

作为研究院打造的学术和智库品牌,华东师范大学人才发展战略研究院于近期正式启动"人才发展研究文库"的出版工作,旨在吸引和集聚国内外知名学者特别是具有多学科背景的青年学者,聚焦全球人才竞争背景下我国人才战略及人才工作中的重大理论与现实问题开展科学研究,全面总结我国人才工作特别是改革开放以来形成的一系列经验与规律,着力探索生成具中国特色的人才研究的基础理论,并将相关成果集结出版,为我国人才研究领域高水平学术成果的创生、汇聚与宣传,为建设具有中国特色和自主话语体系的人才学学科贡献应有的力量。

"人才发展研究文库"主要面向人才工作领域的研究人员、从业者包含政策制定者及管理者、以及相关专业的研究生等群体。"人才发展研究文库"的每一本著作都将从不同的学科视角对人才问题进行深入探讨,并结合实际案例、调查报告、统计数据、意见领袖观点等多方面材料,使读者能够全方位地了解和掌握我国人才战略、人才规划、人才流动、人才集聚、人才培养、人才管理、人才评价、人才激励等多方面的趋势、规律、方法与工具,从而为人才领域的研究与实践提供重要的参考价值。

衷心期待"人才发展研究文库"能够成为我国新时代人才研究领域的一项重要研究成果,积极服务于我国人才工作创新发展的需要,服务于新时代人才强国战略目标的实现。最后,由衷地感谢所有参与"人才发展研究文库"编撰工作的专家学者、编辑和出版人员,"人才发展研究文库"能够顺利出版,离不开大家的共同努力。祝愿读者能够从"人才发展研究文库"中获得实际的帮助和启迪。

吴瑞君

2023 年 5 月于丽娃河畔

序　言

人才是发展的第一资源。党的二十大报告提出，要实施更加积极、更加开放、更加有效的人才政策，要加快建设世界重要人才中心和创新高地，促进人才区域合理布局和协调发展，着力形成人才国际竞争的比较优势，要加强人才国际交流，用好用活各类人才。这些重要论述为新发展阶段的人才工作，包括高等学校人才工作提供了根本遵循。这其中，如何基于世界范围内高层次人才流动的基本规律，着力形成我国人才国际竞争比较优势，对于推动经济社会高质量发展，对高等学校高质量发展，特别是高等教育的"双一流"建设，显得尤为重要。

坚持聚天下英才而用之，持续优化政策环境，是形成人才国际竞争比较优势，加快实施人才强国战略的重要举措。改革开放以来，我国海外人才引进政策持续迭代，已经形成了覆盖不同领域、不同年龄段、梯次配置的海外引才政策体系。高等学校在我国海外人才引进过程中发挥了重要的"梧桐树"作用，是引才聚才的重要主体，也成为主要受益者之一。在国家、地方和学校人才引进政策的叠加和协同效应下，高校人才队伍的结构持续优化，海外归国人才或有海外学习工作经历的教师规模持续增长，海归教师占全体教师的比例持续提升，人才国际化程度得到根本改观。人才队伍国际化程度的提升有力地改进了高校的国际学术交流和合作状况，提升了人才培养、科学研究的国际视野和国际竞争力，人才强校战略获得切切实实的推进，为学校发展注入了新动能，同时也对高校学术生态产生了积极的影响。以海归人才为纽带，高校的国际合作交流更为频密，海外合作机制更为牢固，国际合作交流更为常态化。以海外人才引进为支撑，高校的办学能力、办学水平和国际竞争力进一步增强。

海外人才既要引得进，更要用得好。在全国教育科学规划国家一般课题"高校海归青年教师首聘期满意度时空分异、影响因素与政策机理"的支持下，课题组对高校海外引进人才的规模和水平、对海外归国人才首聘期的工作满意度进行系统研究。为此，课题组开展了系列的问卷调查和访谈。从海归人才首聘期满意度入手，即海外归国工作之初的满意度为切入口，选取不同年代回国的人才作为样本，对改革开放40余年来纵向的发展样态进行考察，分析不同阶段海外人才归国之初的满意度的变化；另一方面，我们也兼顾样本地区和校际分布，对海归人才首聘期满意度的地域和校际差异进行比较研究，揭示海外人才归国后在不同地区、学校工作的满意度情况，并据此解释海归人才职业发展锚定在特定区域、城市和学校的原因。

在开展海归人才首聘期满意度研究的过程中，课题组一直试图从政策层面去寻找和揭示满意度变化及其在地区、校际差异中的影响因素，即对海外人才引进政策的效应进行分析。海外人才引进政策效应分析显然是个研究难点问题，但课题组希望做些努力和尝试。有关海归人才首聘期满意度研究工作结束后，前期问卷调查和访谈积累的数据和研究结果，为开展海外人才引进政策分析提供了很好的基础，也为人才引进政策的内容分析提供了一定的依据。

高校是海归人才引进和使用的重要主体之一，研究其人才引进、使用政策及其改革趋势，具有指标性意义。但是如何将国家、省市和学校政策及一些关键改革衔接起来，形成有逻辑或有意义的研究框架，一直没有很好的突破点，政策边界更是难以区分。经过多番周折，课题组结合前期点状的工作推进情况，在对国家海外人才引进总体政策进行梳理后，考虑从省一级地方政府与高校自身的海归人才政策可能存在的差异入手，辅之对人才引进、使用具有全局影响的聘用制度改革、薪酬制度改革和科研评价制度改革进行研究，以期形成高校海外人才引进政策变迁和改革趋势研究的主要结构。

基于上述考虑，虽然研究工作已告一段落，但笔者仍希望系统地把阶段性研究成果串连起来形成一个体系。全书基本结构在逻辑上是分为三个大部分，从七个方面也就是七章内容进行展开，加上结语共8章。第一部分是对国家层面、省市层面、学校层面的人才引进政策进行专门的分析；第二部分是专门分析对人才发展具有关键影响的高校预聘—长聘制度、薪酬制度和科研评价制度;第三部分是对未来改革的展望和建议。全书的内容,在逻辑上分为上述各有侧重的三个部分,在具体章节安排上,则不再明确区分上、中、下三部分,仅以八章展开。八章的具体内容,其中有些是建立在笔者和研究团队此前的相关课题研究成果基础之上,它们之间存在密不可分的联系。具体来看,三个部分八章内容的概要解读如下:

第一部分是有关高校海外人才引进的专门政策,分为国家层面、省市层面、学校层面的海外人才引进政策,具体分为三章。这三章研究内容各有侧重,国家层面的政策以总体上的政策构成与阶段性变化为主;省市层面的政策侧重地域比较;学校层面的政策主要是分析学校的人才引进政策供给结构与海外归国人才个体需求的匹配情况。

第二部分遴选了三项有关人才引进使用和评价的关键政策,也是目前高校人事制度改革的重点政策进行研究,包括预聘—长聘制度、薪酬制度和评价制度。显然,每一个议题都值得一本专著进行深入探讨,仅以三章的篇幅对聘用制度、薪酬制度和评价改革进行研究,与这三个议题的重要性、内容的丰富性和问题的复杂性极不相称。但是这三项议题或相关制度的改革,直接影响包括海归人才在内的高校教师的使用和流动。基于此考虑并避免泛泛而谈,本书将分三章分别攫取其中一个重点,希望对预聘—长聘制度、薪酬制度和评价改革的后续研究有所启发。

第三部分是结尾更是展望,从海外人才大规模回国的潜在趋势看,课题组研究提出从竞争性为主的人才支持政策向普惠性人才支持政策逻辑转变。已有的人才支持政策,在经历从无到有、从少到多,从单个政策到政策体系的发展过程中逐渐地发生演变,竞争越来越激烈,并向学术职业早期阶段延伸,政策的人才培育特点也逐渐让位于人才选拔的特性。从竞争性支持政策为主向普惠性支持政策为主转变,可能是新时代鼓励人才在干事中成长,在干事中脱颖而出的一种转变。如何构建人才普惠性支持政策,还有待深入研究。单独设置一章进行讨论,希望是抛砖引玉,能有更多学者持续跟进相关领域的研究。

我国高等教育已经进入普及化发展阶段,如何把握新发展阶段基本规律,全面深入贯彻新发展理念,构建以高质量为特征的高等教育内涵式发展新格局,是整个"十四五"规划和 2035 年远景目标中的重要议题。其中,人才强校已成为不争的共识。人才引育工作是学校各项事业发展的重要基石,仍然值得持续深入研究。

目 录

第一章
国家层面海外人才引进政策变迁及人才回流

随着改革开放的进程深入推进,我国海外人才引进政策的力度也持续加强。一大批海外归国人才为国家经济社会发展做出了不可替代的贡献,为国家科技、教育发展,特别是高等教育发展做出了大量卓有成效的贡献。根据教育部 2019 年度出国留学人员情况统计,1978 年至 2019 年度,我国各类出国留学人员累计达 656.06 万人,其中 490.44 万人已完成学业,423.17 万人在完成学业后选择回国发展,占已完成学业群体的 86.28%①。国家层面出台的系统海外人才引进政策及其持续迭代升级,是科教兴国战略、人才强国战略的重要体现。

一、人才跨国流动的总体趋势与影响因素

大国兴衰与人才国际流动具有密不可分的联系。人才跨国流动趋势往往成为反映大国兴衰变化的先行指标。吸引和汇聚高层次人才也成为主要发达国家和新兴经济体在综合实力竞争中的重要举措。在历史的特殊阶段,一些国家是人才的净流入国,一些国家则是人才的净输出国。近年来,人才的国际流动表现出明显的趋势性特征,其内在的影响因素也越

① 中华人民共和国教育部. 2019 年度出国留学人员情况统计[EB/OL]. http://www.moe.gov.cn/jyb_xwfb/gzdt_gzdt/s5987/202012/t20201214_505447.html.

发明显。

(一) 人才跨国流动的总体趋势

随着国际格局日新月异的演进,全球人才跨国流动趋势愈发显著。根据《世界移民报告 2022》调查估计,截至 2020 年,国际移民数量已达到 2.81 亿,占世界人口的 3.6%,其中三分之二是劳务移民[①]。人才跨国流动的规模和发展速度随着全球化的深入而不断扩大和提高,人才跨国流动的模式愈加趋向双向化、多元化和复杂化的特点,呈现出不同类型并存的新趋势。即全球人才跨国流动已经不再局限于早期从发展中国家流向发达国家或是较发达国家流向更发达国家等两个国家和地区之间的单向的人才流失流入,而且扩展到发达国家向新兴经济国家回流、发展中国家与发达国家人才环流等多个国家之间复杂的双向或多向的流动。

1. 单向性人才跨国流动趋势依旧,但形势渐缓

高层次人才跨国迁移过程中单向性流动的趋势非常明显,尤其是从发展中国家向发达国家的流动。根据联合国统计估算,早在 20 世纪 60 年代,全球范围内就有 30 多万人才从发展中国家流向发达国家[②]。其中,美国是人才流入主要目的地国家,印度则是世界上最大的人才流失国。正如此前的一项研究发现,在 486 位移民的美国科学情报研究所(Institute for Scientific Information,ISI)高被引学者中约有四分之三的学者流入美国[③]。2021 年,国际移民组织(International Organization for Migration,IOM)发布的《世界移民报告》显示,与过去的 50 年情况一样,美国仍然是移民的主要目的地,有超过 5 100 万国际移民,而印度依旧是全球移民人

① International Organization for Migration. World Migration Report 2022[EB/OL]. https://publications.iom.int/books/world-migration-report-2022.

② Docquier F, Rapoport H. Globalization, brain drain, and development[J]. Journal of economic literature, 2012, 50(3): 681 - 730.

③ Lauedl, G. Migration currents among the scientific elite[J]. Minerva, 2005, 43 (4): 377 - 395.

口最多的国家①。这种单向性的人才跨国流动方式主要包括海外留学生未归国和科研人员跨国工作等②。有研究发现早年发展中国家的高层次留学人才在发达国家获得学位后,往往更倾向于留在发达国家工作生活③。美国国家科学委员会(United States National Research Council,NRC)公布的《2022年美国科学与工程状况》报告也表明,来到美国的国际学生比其他任何国家都多,占全球国际学生的18%;其中,与来自欧洲和韩国的学生相比,来自印度和中国的学生的预期驻留率相对较高④。但是,随着新兴经济体的快速发展,人才回流的情况越发增多。虽然总体上,人才从发展中国家向发达国家的单向性流动模式依旧是主要趋势,但人才回流、人才环流的趋势逐渐显现,人才外流的趋势逐渐放缓。

2. 多样性人才回流和人才环流趋势显著,流向日益复杂

全球化背景下,人才跨国流动日益呈现双向化、多元化和复杂化的趋势。在一些传统人才输出国积极人才政策的促进下,新兴国家海外人才回流态势越来越明显,以中国为代表的新兴经济体在国际人才竞争中逐渐从单向的人才流失转变为与欧美等发达国家双向或多向的人才环流并存的趋势⑤。据此前的一项研究调查,我国留学人员回国人数逐年增加,"十三五"期间科研人员回流人数已达到总跨国人数的三分之一,预计"十四五"期间将有更多的出国留学人才会选择回国发展,海外回归人数将超过出国人数⑥。欧洲国家如爱尔兰、波兰等近年来科研人员回流倾向也十

---

① International Organization for Migration. World Migration Report 2022[EB/OL]. https://publications. iom. int/books/world-migration-report-2022.

② Watanabe, S. The brain drain from developing to developed countries[J]. International Labour Review, 1969, 99(4): 401.

③ Baruch, Y. , Budhwar, P. S. , & Khatri, N. Brain drain: Inclination to stay abroad after studies[J]. Journal of World Business, 2007, 42(1): 99 - 112.

④ National Science Board. The State of U. S. Science and Engineering 2022[EB/OL]. https://ncses. nsf. gov/pubs/nsb20221.

⑤ 姜乾之. 构建全球人才流动与集聚的新范式[J]. 探索与争鸣, 2020(05): 142 - 148, 160.

⑥ 吴瑞君,陈程. 我国海外科技人才回流趋势及引才政策创新研究[J]. 北京教育学院学报, 2020, 34(04): 47 - 54.

分显著。爱尔兰原本是一个传统的人才输出国,但最近的报告显示大量的爱尔兰人在国外接受完高水平教育或积累了职业经验后,最终会选择回到母国①。随着国家政治社会的稳定以及与国外科研机构合作愈发频繁,波兰高层次人才外流的数量在持续减少②。正如美国学者萨克森宁在其《新的淘金:区域经济在全球经济中的优势》一书中提到,"随着在硅谷的印度、中国和以色列的高层次人才把硅谷的企业模式带回自己的国家,同时他们仍保持着与美国密切的联系,这些国家逐渐从人才外流转变成人才环流"③。可以看到,科学技术的发展和世界经济格局的不断变化,催生出了多样化的人才跨国流动模式。发展中国家和新兴经济体海外人才回流趋势显著,逐渐从原来的单向的发展中国家向发达国家流动为主,转变为发达国家向发展中国家多向的或双向的人才回流和人才环流并存态势。

(二) 人才跨国流动的主要影响因素

高层次人才跨国流动现象愈发普遍,影响人才跨国流动的因素日益多元。国内外学者针对人才跨国流动的主要影响因素,从不同的角度和不同的层面进行了大量的理论和实证分析。概括起来,人才跨国流动现象的产生和发展可能是受外部环境因素和内部个体因素综合驱动。具体来说,影响人才跨国流动的外部环境因素包括经济规模和科技实力、相关政策保障条件、政治稳定和人身安全、城市生活质量、社会文化、生活习俗等,影响人才跨国流动的内部个体因素包括经济收益、工作环境等生存需要,家庭等关系需要,职业前景等发展需要。

1. 人才跨国流动的外部环境因素

经济规模和科技实力是影响优秀人才跨国流动的一个不可忽视的因

---

① Ackers L. Moving People and Knowledge: Scientific Mobility in the European Union[J]. International Migration, 2005;43(5):99 - 131.

② Salt J. International Movements of the Highly Skilled[R]. OECD Publishing, 1997.

③ Saxenia, A. The New Argonauts: Regional Advantage in a Global Economy[M]. Harvard University Press, 2006:5 - 55.

素。尤其是对于发展中国家人才来说,选择向经济水平更高的发达国家流动时,宏观层面上的两国经济发展水平差异是其主要考虑的方面①。正如有学者指出,美国之所以能成为世界上最主要的人才流入目的国,一个重要的原因就是其经济和科技实力雄厚,可以提供优越的科研条件②。此前的一项实证研究发现,影响科研人员出国流动的因素排在首位的还是科技水平,78.5%的被调查者认为国外的科技水平高对自己的出国流动影响很大③。

积极的政策条件是人才国际流动的重要动力。有学者对中国留学人才归国的原因进行了全方位的总结,发现人才政策因素起到了决定性作用④。"留学人员回归祖国与否,与留学人员所在国的移民政策有很大关系"⑤。在日益激烈的世界人才竞争中,为提高对高层次人才的吸引力,许多国家根据经济发展水平和发展阶段采取了相应的人才激励措施和支持政策,包括经济激励、移民相关支持政策、国外资格认证和支持国外学习和交流等在内的一系列策略⑥。诸如美国、加拿大、荷兰、新加坡、德国以及中国等,均通过简化签证手续、提供财政优惠、设立创业签证等措施,吸引了大量人才流入⑦。

政治稳定和人身安全对人才跨国流动有着相当程度的影响。"人才流失随着政治不稳定性和分化程度的增加而增加"⑧。因为人们总是倾向

① 魏浩,王宸,毛日昇.国际间人才流动及其影响因素的实证分析[J].管理世界,2012(01):33-45.

② 应世昌.科技人才流入美国的原因及其对美国经济的影响[J].世界经济,1988(05):62-68.

③ 周建中,施云燕.我国科研人员跨国流动的影响因素与问题研究[J].科学学研究,2017,35(02):247-254.

④ 王辉耀.海归时代[M].北京:中央编译出版社,2005.

⑤ 陈昌贵,阎月勤.我国留学人员回归原因与发挥作用状况的调查报告(二)[J].黑龙江高教研究,2000(06):13-19.

⑥ Organisation for Economic Co-operation and Development. The global competition for talent: Mobility of the highly skilled[M]. Paris: OECD Publishing, 2008.

⑦ 李春浩,姜夫军.人才跨国流动的影响因素[J].中国人才,2019(09):33-35.

⑧ Docquier F, Machado J. Global competition for attracting talents and the world economy[J]. The World Economy, 2016, 39(4): 530-542.

于在和谐稳定的社会环境中工作和生活,当一个国家出现较大规模的社会动乱甚至爆发战争时,势必会有大量的人才迁居国外①。正如苏联解体后,欧盟的一体化进程加速了东欧高层次人才的外流②。

此外,城市生活质量、宜居性以及公共服务等城市环境因素对人才国际流动的影响逐渐变大。"在后工业时代,城市宜居性、包容性、公共服务和福利设施等环境因素对吸引精英人才流动的重要性更加凸显"③。其他因素,诸如社会文化、生活习俗等,同样影响人才跨国流动。"除了经济因素,迁移目的地的文化吸引力和生活方式对人才国际流动也具有重要影响"④。早期的一项调查研究发现,美国和韩国的文化差异带来的价值观冲突,是韩国人才回流人数不断增加的重要原因⑤。

2. 人才跨国流动的个体因素

根据马斯洛需求层次理论,人类的基本需要像金字塔阶梯一样分为五个等级,由低到高分别是生理需要、安全需要、社交需要、尊重需要和自我实现需要⑥。这五种需要是人类最基本的、与生俱来的,并成为激励和指引个体行为的力量⑦。通过借鉴上述理论,影响人才跨国流动的内部个体因素大致可以分为经济收益与工作环境等生存需要、家庭等关系需要、职业前景发展需要等三个方面。

足够且稳定的工作收入是满足人才生存需要的重要保证,对高收入

---

① 魏浩,赵春明,申广祝.全球人才跨国流动的动因、效应与中国的政策选择[J].世界经济与政治论坛,2009(06):19-26.

② Peixoto J. Migration and policies in the European Union: highly skilled mobility, free movement of labour and recognition of diplomas[J]. International Migration, 2001, 39(1): 33-61.

③ Ullman E L. Amenities as a factor in regional growth[J]. Geographical Review, 1954, 44(1): 119-132.

④ Tseng Y F. Shanghai rush: Skilled migrants in a fantasy city[M]//The Cultural Politics of Talent Migration in East Asia. Routledge, 2013: 109-128.

⑤ Song H. From brain drain to reverse brain drain: Three decades of Korean experience[J]. Science, Technology and Society, 1997, 2(2): 317-345.

⑥ Maslow A H. A theory of human motivation[J]. Personality: Critical concepts in psychology, 1998: 169-188.

⑦ 彭聃龄.普通心理学[M].北京:北京师范大学出版社,2003:329-330.

的追求或对经济收益的预期是促使人才跨国流动的重要动力之一。从经济人视角来看,人才在国际之间的流动就是对劳动力市场薪金水平的一种反映①。"追求更好的工资待遇是人才作为经济个体的自然选择"②。有研究发现,影响发展中国家的人才选择迁移到发达国家的主要因素是经济收益,低水平的薪金会直接导致人才外流发生③。"人才国际流动的很大原因是净经济优势的差异,尤其是相对收入的差异"④。而除了获得更高的经济收益,优质的研究设施、与明星科学家和知名科研机构合作的机会、更大的自主权等工作环境因素也是促进科技人才跨国流动的关键⑤。"对科学家而言,流动主要是为了获得能高效工作的环境和先进的研究设施"⑥。

　　家庭等社交关系因素对部分人才来说是影响其跨国流动的决定性因素。"家庭责任和家庭变化在影响人才跨国流动的因素中扮演着重要角色"⑦。根据全球化社区网络(InterNations)开展的外籍人士生活和工作状况调查报告(Expat Insider)2022 年度调查,因与伴侣共同生活或为了伴侣工作等家庭和爱情因素而选择跨国流动的人才数量占到总移民人数的比例约为 22%⑧。国外的一项研究发现,50% 以上旅居海外的印度和

---

① 马海涛,张芳芳. 人才跨国流动的动力与影响研究评述[J]. 经济地理,2019,39(02):40-47.

② Docquier F, Rapoport H. Globalization, brain drain, and development [J]. Journal of economic literature,2012,50(3):681-730.

③ Bénassy J P, Brezis E S. Brain drain and development traps[J]. Journal of Development Economics,2013,102:15-22.

④ Hicks, J. R. The theory of wages[M]. Springer,1963.

⑤ Ackers L. Moving people and knowledge:scientific mobility in the European Union[J]. International migration,2005,43(5):99-132.

⑥ Stephan P, Scellato G, Franzoni C. International competition for PhDs and postdoctoral scholars:What does (and does not) matter[J]. Innovation policy and the economy,2015,15(1):73-113.

⑦ Kaufman J. China reforms bring back executives schooled in US[J]. Wall Street Journal,2003,6.

⑧ InterNations. Expat Insider 2022 [EB/OL]. https://cms-internationsgmbh. netdna-ssl. com/cdn/file/cms-media/public/2022-07/Expat-Insider-2022-Survey. pdf.

中国人才,选择归国的首要动机是家庭联系①。我国学者开展的一项对时间跨度近二十年的留学回国人员进行调查研究,同样发现子女的教育和成长问题、配偶与父母亲友的态度等家庭因素对留学人员的回国决定会有很大的影响②。

追求自我发展也是人才跨国流动的重要影响因素之一。尤其是对于科学家、学生及其他学术研究人员而言,人才总是流向有利于其个人职业发展和自我价值实现的地方。"对于科研活跃和工资溢价的高水平创新人才来说,寻求更好职业发展机会是人才跨国流动最为核心的影响要素"③。此前,国际上一项对 8 个国家的高层次人才跨国流动调查研究发现影响科研人员跨国流动的主要因素第一位就是未来职业发展④。更有学者指出,相较于纯粹的经济因素,科研人员更看重迁移带来的职业发展机会⑤。

此外,人才跨国流动行为与个体的心理需求也有着密切关联。有学者研究发现,有时学术精英的跨国流动只是为了满足个人好奇心或是激发研究热情⑥。还有学者指出,部分海外留学人员在学成后会选择回国发展,是出于对祖国的奉献和爱国精神⑦。

---

① Kaufman J. China reforms bring back executives schooled in US[J]. Wall Street Journal, 2003: 6.

② 陈昌贵,阎月勤. 我国留学人员回归原因与发挥作用状况的调查报告(二)[J]. 黑龙江高教研究,2000(06): 13 - 19.

③ Gibson J, McKenzie D. The economic consequences of 'brain drain' of the best and brightest: Microeconomic evidence from five countries[J]. The Economic Journal, 2012, 122(560): 339 - 375.

④ Ivancheva L, Gourova E. Challenges for career and mobility of researchers in Europe[J]. Science and public policy, 2011, 38(3): 185 - 198.

⑤ Ackers L. Moving People and Knowledge: the Mobility of Scientists within the EU[R]. Liverpool: Working Papers University of Liverpool, 2004.

⑥ Nerdrum L, Sarpebakken B. Mobility of foreign researchers in Norway[J]. Science and Public Policy, 2006, 33(3): 217 - 229.

⑦ 林琳. 中国的智力回流现状与原因初探[J]. 华中农业大学学报(社会科学版),2009(03): 40 - 44.

二、我国海外人才引进政策变迁

注重引进海外高层次人才参与国家建设和发展,是新中国成立后党和政府的重要人才政策方向。一大批耳熟能详的科学家和科技精英冲破重重阻力回到祖国,为国家发展做出了卓著贡献。改革开放后,在"支持留学、鼓励回国、来去自由、发挥作用"的方针下,出国留学人员规模持续扩大,留学人才学成归国的规模也持续扩大,双向流动趋势逐渐形成。在吸引留学海外人才回国发展过程中,除了国家经济社会的新发展提供了更多契机和平台以外,专门针对海外人才的引进政策持续迭代,发挥了重要的撬动作用。

(一) 我国海外人才引进的主要发展阶段

新中国成立以来,我国海外高层次人才引进的基本历程可以分为四个阶段:

第一阶段(1949—1978 年):新中国成立初期,为支援祖国建设,以钱学森、邓稼先、李四光等为代表的一批海外留学人才选择回国,为新中国的工业、科研、教育和国防建设事业做出了巨大贡献。但这一时期,我国海外人才引进的机制并不完善,回国人才的规模较小[①]。

第二阶段(1978—1992 年):改革开放之初,邓小平同志作出扩大派遣留学人员的重要决策,具有划时代的重要意义。1978 年 12 月 26 日,首批 52 位留学生在中美建交前夕启程赴美。随后留学深造渐成热潮,吸引留学人员归国也逐渐成为重要的人才政策着力点。1978 年,国务院批转国家科委、外交部《关于加强引进人才工作的请示报告》,指出引进科技人才的重要性,并提出了具体措施。随后,国务院批准《关于加强争取科技专家回国长期工作的请示报告》,劳动人事部颁布了《回国科技专家学者管理工作暂行办法》。1983 年,国务院颁发了《关于引进国外人才工作的

---

① 崔源.我国海外人才回流现状、问题及对策研究[D].山东大学,2010:13 - 15.

暂行规定》，明确了引进的范围和重点、计划管理、对外联系、确定人选的工作程序、经费、生活待遇、入出境手续等①。

第三阶段(1992—2002年)：为加快推动经济发展由粗放型向集约型转变，将发展动力转移到依靠科技进步和提高劳动者素质上，中国政府于1995年提出"科教兴国"战略。加快高等教育发展成为落实"科教兴国"战略的重要举措。为此，国家于1995年启动"211工程"，即面向21世纪，重点建设100所左右的高等学校和一批重点学科；1998年启动"985工程"，目标是建设若干所具有世界先进水平的一流大学。高水平师资队伍是建设一流大学的根基。从20世纪90年开始，政府先后出台一系列高层次人才计划，对完善海外人才引进制度产生了广泛深远影响。

1992年8月，国务院办公厅印发《关于在外留学人员有关问题的通知》(国办发〔1992〕44号)，提出了"支持留学，鼓励回国，来去自由"的新阶段留学工作方针②。同年，上海在全国率先发布《鼓励出国留学人员来上海工作的若干规定》，制定了留学回国人员工作、生活等方面的优惠政策。1994年，中科院实施"百人计划"，是我国最早启动的高目标、高标准和高强度支持的人才引进与培养计划③。同年，国家自然科学基金委设立"国家杰出青年科学基金项目"，以促进优秀青年科技人才的成长，鼓励海外学者回国工作。也是在1994年，最早的留学人员创业园之一金陵留学人员创业园成立。1995年国家人事部(现人力资源和社会保障部)颁布《关于重点资助优秀留学回国人员开展科技活动的通知》，目标是在20世纪末，重点资助100名优秀留学回国人员开展科技活动。1998年教育部实施"长江学者奖励计划"，意在延揽海内外精英人才投身于我国高等教育建设。2000年国家人事部(现人力资源和社会保障部)印发《关于鼓励海外高层次留学人才回国工作的意见》(人发〔2000〕63号)，在高层次留学人

① 教育部科技委《中国未来与高校创新》战略研究课题组. 中国未来与高校创新2011[M]. 北京：中国人民大学出版社，2011.

② 芮宏. 我国现行留学生政策改进刍议[J]. 中国人才，2009(13)：14-16.

③ 白春礼. 精心打造品牌. 凝聚培养优秀创新人才——中国科学院"百人计划"十年历程的回顾与思考[J]. 中国科学院院刊，2004(05)：323-327.

才回国任职条件、工资津贴水平、科研经费资助等方面做了较大的突破。2001年出台《关于鼓励海外留学人员以多种形式为国服务的若干意见》，鼓励海外留学人员以自己的专业优势，通过在国内兼职、接受委托在国内外开展合作研究、回国讲学、进行学术技术交流、在国内创办企业、从事考察咨询活动、开展中介服务等多种形式，服务国家经济社会发展。

第四阶段（2002—2012年）：人才强国战略深入实施，人才工作在服务科学发展中迎来大好局面，海外高层次人才引进力度越来越受到重视。其主要体现在以下三个方面：一是从鼓励回国开始向待遇上加大吸引力转变，即逐步以市场经济条件下人力资源管理的科学理念为指导，考虑提高留学人员回国工作的待遇。二是从单方面强调"回国服务"向鼓励"为国服务"转变，即不再以是否举家搬迁回国、放弃外国永久居留权和外国国籍为标准来要求留学人员，而是允许其在保留外国永久居留权和外国国籍的情况下，鼓励其以定期应聘来华工作或在海外开展对华合作等多种灵活形式为国服务。三是承诺对高层次留学人才可以采取特殊政策，希望加大引进的力度和速度。①

2002年开始，在财政部支持下，国家人事部（现人力资源和社会保障部）设立了吸引海外高层次留学人才回国工作专项经费。教育部设有"留学人员科研启动资金"，获得博士学位的回国工作留学人员均可申请；颁布了《资助海外留学人员短期回国工作专项经费实施办法》、《高等学校特聘教授岗位制度实施办法》，资助海外留学人员回国短期工作或竞聘高等学校特聘教授岗位。

在《国家中长期科学和技术发展规划纲要（2006—2020年）》中，指出要加大吸引留学生和海外高层次人才工作力度，实行有吸引力的政策措施，吸引海外高层次优秀科技人才和团队来华工作。② 2008年12月，中国政府出台《中央人才工作协调小组关于实施海外高层次人才引进计划

---

① 杨诚. 吸引海外留学人才的政策与法律探讨[J]. 太平洋学报，2009(01)：52-60.

② 教育部科技委《中国未来与高校创新》战略研究课题组编. 中国未来与高校创新2011[M]. 北京：中国人民大学出版社，2011.

的意见》(中办发[2008]125 号),要求各地区各部门"以更宽的眼界、更宽的思路和更宽的胸襟做好海外高层次人才引进工作"①。2009 年 1 月,作为落实《意见》的一个实质内容,我国政府推出"海外高层次人才引进计划",计划用 5 年到 10 年的时间,重点引进一批能够突破关键技术、发展高新产业、带动新兴学科的战略科学家和领军人才回国(来华)创新创业。② 随着科技人才队伍渐趋年轻化,一系列旨在吸引海外优秀青年科技人才的政策先后出台。2010 年,中组部启动"青年海外高层次人才引进计划",着力加强海外青年高层次人才的引进力度。

第五阶段(2012 年至今):党的十八大以来,以习近平同志为核心的党中央立足中华民族伟大复兴战略全局和世界百年未有之大变局,全面深入推进人才强国战略,我国海外人才引进工作迈入新阶段。这一时期,海外人才引进政策实施更加积极、更加开放、更加有效。

2012 年,中共中央组织部、人力资源社会保障部、公安部等 25 部门联合发布了《外国人在中国永久居留享有相关待遇的办法》,规定"凡持有中国'绿卡'的外籍人员除政治权利和法律法规规定不可享有的特定权利和义务外,原则上和中国公民享有相同权利,承担相同义务"③。这一办法从工作和生活的方方面面,切实保障了外籍人才在中国永久居留的合法权益和各项待遇。为给外国人才来华提供更多便利,2013 年修订实施的《中华人民共和国出境入境管理法》,规定"对因人才引进事由入境的外国人签发相应类别的普通签证"④。自此,政府相关主管部门确定了引进的外国高层次人才和急需紧缺专门人才可以申请专门签证,并享受相应的出境入境便利。为了进一步健全完善外国人才签证制度,2017 年,国家外国专家局等三部门研究制定了《外国人才签证制度实施办法》,明确外国人

---

① 崔源. 我国海外人才回流现状、问题及对策研究[D]. 山东大学,2010:13-15.

② 冯建华. 海外人才回流加快中国融入世界的步伐[N]. 北京周报,2009(10).

③ 中华人民共和国中央人民政府. 中共中央组织部 人力资源社会保障部 公安部等 25 部门关于印发《外国人在中国永久居留享有相关待遇的办法》的通知[EB/OL]. http://www.gov.cn/zwgk/2012-12/12/content_2288640.htm.

④ 胡锦涛. 中华人民共和国出境入境管理法[N]. 人民日报,2012-12-03016.

才申请 R 字签证的标准条件和办理程序,并加强外国人才签证和工作许可、工作居留的有机衔接①。2018 年 4 月 2 日,国家移民管理局组建成立,标志着具有现代化治理能力的中国国际移民治理体系正式确立。2020 年,科技部、国家发展改革委、工业和信息化部等六部委共同编制了《长三角 G60 科创走廊建设方案》,要求"制定和完善海外人才引进政策和管理办法,对海外科研创新领军人才及团队成员办理工作许可、永久或长期居留手续给予更大便利"。2021 年,习近平总书记在中央人才工作会议上强调,"必须积极营造尊重人才、求贤若渴的社会环境,公正平等、竞争择优的制度环境,待遇适当、保障有力的生活环境,为人才心无旁骛钻研业务创造良好条件"②。党的二十大报告从教育、科技、人才一体化发展的战略高度,进一步就实施科教兴国战略,强化现代化建设人才支撑进行了部署。要求坚持人才引领驱动,深入实施人才强国战略。可以看到,十八大以来,我国海外人才引进政策进入整体优化阶段,相继出台各类优惠政策,切实解决生活保障、薪酬福利、物质和精神奖励等各项待遇问题,不断提高服务水平,为大力吸引各类海外人才来华创新创业和工作营造良好的政策环境。

(二) 我国海外人才引进政策的基本构成

我国海外人才引进政策基本上可以划分为四个层次,包括国家层面的高层次人才计划,省、自治区、直辖市政府部门制定的政策,高校所在具体城市出台的人才政策,高校的内部政策等。国家层面的人才政策,指国家相关部委制定的其政策效力覆盖国内所有高等学校的高层次人才培育、引进、使用等政策。国家部委出台的政策不仅对高校人才政策发挥着重要作用,也对地方的人才政策发挥着积极的影响。地方政府基本上会

---

① 中华人民共和国中央人民政府.外专局　外交部　公安部关于印发《外国人才签证制度实施办法》的通知[EB/OL]. http://www. gov. cn/gongbao/content/2018/content_5296556. htm.

② 习近平.深入实施新时代人才强国战略　加快建设世界重要人才中心和创新高地[EB/OL]. http://www. gov. cn/xinwen/2021-12/15/content_5660938. htm.

对应国家政策,相应制定本地的人才计划,特别是针对海外人才引进的政策。① 高等学校出台的相关政策一般紧密结合学校办学定位和所处的发展阶段,校际之间存在一定差异。早期的高层次人才政策侧重引进海外学者,但也兼顾培育本土人才。2008 年后专门出台了用于引进海外高层次人才的"海外高层次人才引进计划"和"青年海外高层次人才引进计划"。随后也制定了专门针对国内高层次创新创业人才培育的"国家特支计划",与"海外高层次人才引进计划"并行实施。

新中国成立以来,海外高层次人才引进政策在不同阶段发挥了不同的作用。目前,几个主要的政策包括国家杰出青年科学基金、长江学者奖励计划、海外高层次人才引进计划海外高层次人才引进计划、中科院"百人计划"等。我国海外人才引进的高层次人才政策基本构成如表 1-1 所示。从政策颁布的时间节点看,20 世纪 90 年代初期,在"科教兴国"战略和"211 工程"酝酿之初,相关人才政策作为上述战略和计划的一部分先后出台。

表 1-1 我国人才政策体系的基本构成

启动年份	政 策 名 称	牵 头 部 门	政 策 目 标
1993 年	跨世纪优秀人才计划	国家教育委员会	培养造就年轻学科带头人
1994 年	国家杰出青年科学基金	国家自然科学基金委	促进青年科技人才成长,鼓励海外学者回国工作
1995 年	百千万人才工程	原人事部、国家科委和国家教委等七部门	培养跨世纪优秀青年人才
1998 年	长江学者奖励计划	教育部	培养、造就有国际领先水平的学科带头人

---

① 朱军文,沈悦青.我国省级政府海外人才引进政策的现状、问题与建议[J].上海交通大学学报(哲学社会科学版),2013,21(01):59-63,88.

续　表

启动年份	政 策 名 称	牵 头 部 门	政 策 目 标
2004 年	新世纪优秀人才支持计划	教育部	加强高校青年学术带头人队伍,培养造就拔尖创新人才
2008 年	海外高层次人才引进计划	中央组织部、人力资源和社会保障部等11 部委	引进海外高层次人才
2010 年	青年海外高层次人才引进计划	中央组织部、人力资源和社会保障部等11 部委	引进 40 岁以下全职回国发展海外高层次人才
2012 年	国家高层次人才特殊支持计划	中央组织部、人力资源和社会保障部等11 部委	支持国内高层次人才培养
2012 年	优秀青年科学基金	国家自然科学基金委	创新型青年人才的培养(男性未满 38 周岁/女性未满 40 周岁)
2015 年	长江学者奖励计划(青年项目)	教育部	吸引具有国际影响力的青年学术英才

资料来源:相关政府部门的人才政策文件。

　　20 世纪 90 年代高层次人才政策的制定部门主要以国家教育委员会(教育部)、国家自然科学基金委、原国家人事部(人力资源和社会保障部)等业务部门为主。进入新世纪以来,特别是 2003 年中央人才工作协调小组成立后,部委之间的人才政策协同机制进一步加强。

　　从政策目标看,主要是支持并促进青年人才成长,鼓励海外留学的青年人才和旅居海外的华人高层次人才回国工作,培养、造就有国际领先水平的学科带头人。因此,政策覆盖的重点人群是 45 岁以下青年科技人才和学科领军人才。这与 20 世纪 90 年代中国高校人才队伍"青黄不接"、缺乏学科带头人和青年骨干的症结直接相关。

(三) 我国海外人才引进的政策要点和变化

课题组从国家层面海外高层次人才引进政策的资助对象、支持和保障条件等方面,对政策进行了部分梳理。从人才政策的主要内容维度看,资助年轻人为主,支持方式重物质保障,软环境建设较为滞后。

1. 聚焦青年人才

国家一直强调对年轻人才的培养,在引进海外高层次人才方面,同样也注重人才的年轻化。从年龄上,政策的变化不明显,坚持了对年轻学者归国的支持。2015 年,为贯彻落实《关于深入实施"中国科学院人才培养引进系统工程"的意见》,中科院对"百人计划"进行了优化调整。新的"计划"淡化了对候选人的年龄限制。对候选人年龄要求的政策内容调整见表1-2。

表 1-2　年龄政策内容比较表

政 策 名 称	支持对象的年龄范围要求
长江学者奖励计划	特聘教授:自然科学类不超过 45 周岁,哲学社会科学领域不超过 55 周岁;中西部、东北地区推荐的人选年龄放宽 2 岁 讲座教授:自然科学类不超过 55 周岁,哲学社会科学类不超过 65 周岁 青年学者:自然科学类不超过 38 周岁,哲学社会科学类不超过 45 周岁
国家优青计划	申请当年 1 月 1 日男性未满 38 周岁,女性未满 40 周岁
国家杰青计划	申请当年 1 月 1 日未满 45 周岁
海外高层次人才引进计划	外国专家项目:不超过 65 岁 创新人才项目(包含长期和短期项目)、文化艺术人才项目:不超过 55 岁 青年项目、新疆西藏项目:不超过 40 岁
中科院百人计划	A 类(学术帅才):无具体年龄限制,强调国际学术影响力和领军才能 B 类(技术英才):具有 3 年及以上的海外研发经历的中青年杰出人才 C 类(青年俊才):具有 3 年及以上的海外学习或工作经历、取得博士学位时间未超过 5 年的优秀青年人才

资料来源:相关政府部门的人才政策文件。

2. 定位高端,类型多样

这些政策针对的拟引进人才的类型各有侧重,国家"优青"和"杰青"计划主要支持 40 岁和 45 岁以下、立志在国内从事基础和应用基础研究的优秀青年学者,鼓励海外优秀青年学者回国工作或以适当方式为祖国服务。长江学者奖励计划主要是针对高校,用以引进特聘教授、讲座教授和青年学者,聘任范围包括自然科学和人文社会科学。海外高层次人才引进计划实施的时间相对较晚,对拟引进人才的要求更高,提供的引进待遇和条件也更为优越。百人计划是中科院系统吸引海外高层次人才的专项计划,是中科院"人才系统工程"的重要组成部分。主要人才政策的引进对象比较见表 1-3。

表 1-3　主要人才政策的引进对象比较

政 策 名 称	支　持　对　象
长江学者奖励计划	实行岗位聘任制,支持高等学校设置特聘教授、讲座教授和青年学者岗位,面向海内外公开招聘,聘任范围包括自然科学和人文社会科学
国家优秀青年计划	支持在基础研究方面已取得较好成绩的青年学者自主选择研究方向开展创新研究,促进青年科学技术人才的快速成长,培养一批有望进入世界科技前沿的优秀学术骨干
国家杰青计划	支持在基础研究方面已取得突出成绩的青年学者自主选择研究方向开展创新研究,促进青年科学技术人才的成长,吸引海外人才,培养造就一批进入世界科技前沿的优秀学术带头人
海外高层次人才引进计划	符合下列条件之一:(一)在国外著名高校、科研院所担任相当于教授职务的专家学者;(二)在国际知名企业和金融机构担任高级职务的专业技术人才和经营管理人才;(三)拥有自主知识产权或掌握核心技术,具有海外自主创业经验,熟悉相关产业领域和国际规则的创业人才;(四)国家急需紧缺的其他高层次创新创业人才

政 策 名 称	支 持 对 象
中科院百人计划	A类(学术帅才):在海外知名大学、国际知名科研机构或企业担任教授及相当职位,具有国际影响力的学术领军人才 B类(技术英才):掌握关键技术,在海外从事工程技术类研发,或从事重大科学装置建设、仪器设备研发等相关工作3年(含)以上的中青年杰出人才 C类(青年俊才):具有博士学位,在海外知名大学、科研机构等学习或工作3年(含)以上的优秀青年人才

资料来源:相关政府部门的人才政策文件。

3. 支持和保障条件具有很强的示范性

我国的人才引进计划都有相关的待遇、生活条件等方面政策及其配套措施,见表1-4。"海外高层次人才引进计划""长江学者奖励计划""百人计划"的待遇都包括工资、科研启动经费、津贴等;"海外高层次人才引进计划"还实施期权、股权等中长期激励;"国家优秀青年科学基金""国家杰出青年科学基金"则按照课题申请给予资助。

此外,国家还为引才政策配套制定入出境签证、落户、子女入学、社会保障、医疗等方面的政策。如:国家外国专家局、外交部、公安部研究制定《外国人才签证制度实施办法》(外专发〔2017〕218号),进一步明确了外籍引进人才申请人才签证(R字签证)的标准条件和办理程序,为外国人才来华创新创业和工作提供便利。国家15个部委联合制定《关于建立海外高层次留学人才回国工作绿色通道的意见》(国人部发〔2007〕26号),对高层次留学人才的入出境及居留便利作出了具体规定,包括外籍留学人才的签证和居留证办理,以及外籍留学人员的旅费解决和携运物品规定等。公安部《关于规范留学回国人员落户工作有关政策的通知》(公通字〔2010〕19号)规定:留学人员可凭最后一次回国时持用的中国护照依据原户口注销登记直接办理恢复户口手续或在落户地申请恢复户口。教育部制定了《关于妥善解决优秀留学回国人员子女入学问题的意见》(教外留

表 1 - 4　支持和保障条件

政 策 名 称	支 持 和 保 障 条 件
长江学者奖励计划	授予特聘教授、讲座教授"长江学者"称号,授予青年学者"青年长江学者"称号,在聘期内享受奖金
国家优青计划	给予课题研究经费
国家杰青计划	给予课题研究经费
海外高层次人才引进计划	1. 外籍引进人才及其随迁外籍配偶和未成年子女,可办理《外国人永久居留证》,或 2—5 年有效期的多次往返签证。 2. 具有中国国籍的引进人才,可不受出国前户籍所在地的限制,选择在国内任一城市落户;中央财政给予引进人才每人人民币 100 万元的一次性补助。 3. 享受医疗照顾人员待遇;引进人才及其配偶子女,可参加中国境内各项社会保险,包括基本养老、基本医疗、工伤保险等。 4. 可参照当地居民购房政策,购买自用商品住房一套;五年内境内工资收入中的住房补贴、伙食补贴、搬迁费、探亲费、子女教育费等,按照国家税收法律法规的有关规定,予以税前扣除。 5. 引进人才的配偶由用人单位妥善安排工作或发放生活补贴,子女就学可按本人意愿,由有关部门协调解决;用人单位参照引进人才回国(来华)前的收入水平,一并考虑应为其支付的各种生活补贴,协商确定合理薪酬。 对作出突出贡献的可实施期权、股权等中长期激励方式;中央财政给予入选专家一定经费补助(视同国家奖金);中央财政给予青年项目、外国专家项目、新疆西藏项目入选专家一定额度的科研经费补助;专家特定生活待遇政策。
中科院百人计划	①"百人计划"入选者在计划执行 3 年期间,除享受国家和研究单位规定的工资、福利和医疗等待遇外,可享受"百人计划"岗位津贴。② 经费支持:给予 A/B/C 三类入选者相应的人才专项经费、科研启动经费和基建经费。③ 用人单位应在人员配备、研究生培养等方面予以保证,同时积极支持入选者对外竞争各类科技任务与项目

资料来源:相关政府部门的人才政策文件。

〔2000〕1号），对留学人员子女入学问题进行了细化，按照"适当照顾、特事特办"为原则，不收取国家规定以外的费用，指定专门学校安排留学人员子女，酌情开办双语班，对"有特殊和重大贡献者（其认定标准由各省、自治区、直辖市人民政府确定）"的优秀留学人员的子女入学可"一事一议，特别审批"。同时，《关于建立海外高层次留学人才回国工作绿色通道的意见》明确规定海外高层次留学人才随迁子女入托及义务教育阶段入学，由其居住地教育行政部门按照就近入学的原则优先办理入、转学手续，不收取国家规定以外费用。此外，海关总署还下发了《关于对留学回国人员携带行李物品验放问题的通知》（署监〔1999〕819号）和《海关对回国服务的留学人员购买免税国产汽车管理办法》（署监二〔1992〕678号文件附发）等①。

4. 我国海外人才引进政策的演变特征

从1993年原国家教育委员会实施跨世纪优秀人才计划开始，在随后的近25年里，以人才计划项目为代表的人才支持政策不断升级，部分人才支持政策根据形势变化持续修订完善，政策内容和要点持续优化，针对性不断增强；有些政策完成了阶段性的任务，中止实施；有些政策相互间进行了合并，并生长出新的政策细则。主要的演变包括以下方面：

单项政策持续优化。 例如"长江学者奖励计划"于1998年成立后，在20年里经历了1999年、2004年、2011年和2018年四次明显修订。该政策"吸引和遴选中青年杰出人才，培养、造就一批有国际领先水平的学科带头人"的目标始终未变。但人才的遴选标准、岗位职责、津贴补贴、东中西部地区平衡、退出机制设计等方面均不断完善。1994年设立的"国家杰出青年科学基金"实施至今，其最初的目标是促进青年科技人才成长，鼓励海外学者回国工作，加速培养造就进入世界科技前沿的优秀学术带头人。②

---

① 崔源. 我国海外人才回流现状、问题及对策研究[D]. 山东大学，2010：13-15.
② 国家自然科学基金委员会. 国家杰出青年科学基金实施管理暂行办法[J]. 中国中医基础医学杂志，1997(S2)：117-120.

首批仅资助 49 人,其中高校 26 人。① 经过 1997 年、2002 年、2009 年和 2015 年四次修订,政策不断完善。

政策的更替、合并和分化。例如 1993 年开始实施的"跨世纪优秀人才计划",在 2004 年被"新世纪优秀人才支持计划"替代;"新世纪优秀人才支持计划"又于 2015 年被"青年长江学者计划"取代。1995 年开始实施的"百千万人才工程",在 2012 年纳入"国家高层次人才特殊支持计划",成为该计划的一个人才子项目。② 在上述"国家高层次人才特殊支持计划"中又专门设立了"青年拔尖人才计划"。"青年拔尖人才计划"与"青年长江学者计划""优秀青年人才计划"和"青年海外高层次人才引进计划"合称为"四青"。

限制同一位学者重复申请同层次人才计划。2018 年修订的《"长江学者奖励计划"管理办法》明确提出"统筹人才选拔培养,避免与其他同层次人才项目重复支持"③。2018 年"国家高层次人才特殊支持计划"申报通知中,规定获得青年长江、国家优青,资助期内不得申请"国家高层次人才特殊支持计划"青年拔尖人才项目。

政策向中、西部地区高校倾斜。由于经济发展区域失衡,中西部高校的高水平人才持续向东部发达地区流动,造成中西部高校竞争力不断降低。为了遏制人才流动导致的东、中、西部高校人才失衡状况,近年来一个普遍改革趋势是相关人才支持政策均添加了专门条款,适当放宽中西部高校申报人才计划项目的条件,引导高水平人才向中西部流动,限制东部向西部"挖人"。

加强海外引进人才的政策风险评估。例如,2018 年的国家"海外高层次人才引进计划"所有人才项目申报中,均要求增加风险评估程序,由用

---

① 国家自然科学基金委员会. 1994 年度"国家杰出青年科学基金"评审结果揭晓 [J]. 中国科学基金,1995(02):81-82.

② 中共中央组织部等 11 部委. 国家高层次人才特殊支持计划[EB/OL]. https://rcb. mju. edu. cn/2017/0712/c1140a33069/page. htm.

③ 教育部."长江学者奖励计划"管理办法[EB/OL]. http://www. moe. gov. cn/srcsite/A04/s8132/201112/t20111215_169948. html.

人单位对申报人与海外原工作单位之间的知识产权、保密约定、竞业禁止等情况进行综合评估和审查,避免引进人才中的法律风险。

三、我国海归人才海外经历特点及归国后的流动

随着海外归国人才规模的不断扩大,对归国人才的海外经历进行分析,对归国工作后的职业流动进行一定的分析,以期为如何对海外归国人才引进政策的实效进行更深入的、多侧面的判断提供思路,具有极重要的现实意义,也是一件充满挑战的工作。为此,课题组在前期研究工作中,利用履历分析方法,选取一定范围的代表性样本,进行了初步的探索性研究,结果富有启发。采集的样本是以 1994—2010 年期间国家杰出青年基金的入选者为主。该部分学者的很多人已经成长为我国高层次科技人才队伍的领军人才,其海外经历和归国够的工作流动,对当前的人才政策改革仍然具有重要的参考价值。

(一) 核心概念与样本选择

本部分采用履历分析方法(Curriculum vita analysis,CV 方法)对此进行探讨。

1. *履历分析方法*

履历分析方法是通过简历获取个人教育经历、工作岗位流动、科研成果等信息,对人才特征及其流动进行研究的一种方法。美国学者詹姆斯·戴特(James S. Dietz)对利用个人履历(CV)提供的信息研究科学家职业生涯的有效性进行了较早的研究。他认为,履历不仅被普遍使用,而且在内容方面是标准化的,其包含的教育经历、工作经历、科研成果及学术联系等有用且一致的信息对研究学者的职业生涯和流动具有重要作用。[1] 履

---

① Dietz J, Chompalov I, Bozeman B, et al. Using the curriculum vita to study the career paths of scientists and engineers: An exploratory assessment[J]. Scientometrics, 2000, 49(3): 419 - 442.

历的获取也相对比较容易。本项目即运用此方法,通过不同时期归国人员海外教育和工作经历比较,分析引进人才质量变化、机构分布和职业流动特征。

2. 海外归国高层次人才样本选择

"国家杰出青年科学基金"(简称"杰青")是我国最早的海外高层次人才引进和支持政策之一,自1994年设立以来,产生了广泛影响。本研究以数理、化学两个学部,数学、物理、化学3个基础学科1994—2010年期间共715位入选者为样本进行分析,其中,"有海外经历"的入选者达551人,占样本总量的77%,"无海外经历"的入选者占15%,履历信息不全的占8%。

3. 海外归国高层次人才信息采集与质量指标

依据国家自然科学基金委网站公布的入选者姓名和隶属单位,通过互联网检索途经,在入选者所在单位官方网站或个人主页等公开渠道获取到715人简历,并对其教育经历、工作经历等信息进行编码和整理。这些信息包括归国时年龄、教育经历(包括博士学位授予学校)、工作经历(包括海外工作经历及时间段)、工作流动情况(包括归国后的单位及变动)等。

本项目假设:从海外获得博士学位的归国人员比例越高,归国人员的总体质量越高;从世界顶尖大学获得博士学位或从事访问研究的人员占归国人员比例越高,归国人员的总体质量越高。归国人员博士学位授予学校、海外访问研究的学校层次以其在上海交通大学高等教育研究院世界一流大学研究中心发布的"世界大学学术排名2012"(ARWU2012)[①]上的位次为依据,具体分为来自世界排名前10(Top10)、前50(Top50)、前100(Top100)、前200(Top200)和前200以外(非Top200)大学等层次。举例来看,如果从世界前10名的大学归国的人员比例越来越高,则假设归国人员的整体质量越高,如来自世界排名前200名以外大学的回国人

---

① 上海交通大学世界一流大学研究中心. Academic Ranking of World Universities (ARWU)[EB/OL]. http://www.arwu.org/.

员比例越来越高,则假设整体质量在下降。以此为基础,分年度对海外归国人员的整体质量变化趋势进行分析。

(二) 我国海归高层次人才的海外经历及其趋势变迁

1. 海外归国高层次人才海外经历总体状况及变化趋势

本项目将海外经历分为在海外获得博士学位和无海外博士学位但有连续一年及以上海外访问研究等工作经历两类。1994—2010 年期间,数理、化学两个学部"杰青"入选者中,在海外取得博士学位的有 190 人,占"有海外经历"人群的 34.5%,无海外博士学位但有连续一年及以上海外工作经历的有 361 人,占该人群的 65.5%。除 1996 年、1998 年和 2000 年海外博士学位获得者比例超过半数外,其他年份具有海外博士学位的归国人员比例总体呈现下降趋势,从 1994—1998 年的年均 44%,下降到了 2006—2010 年的年均 24%;无海外博士学位但有连续一年及以上海外工作经历的归国人员所占的比例则呈现增长趋势,从 1994—1998 年的年均 56%,上升到了 2006—2010 年期间的年均 76%(见图 1-1)。

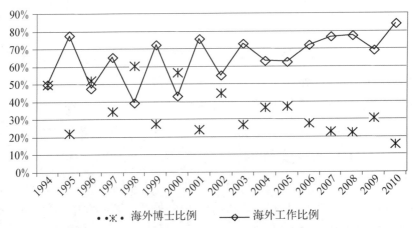

图 1-1 海外归国高层次人才的海外经历类型变化趋势

注:作者根据样本数据整理。

从影响人才流动的主要因素角度分析,我国海外归国博士比例的下降趋势的原因可能包括:一是主要引进海外博士机构,如高校或研究性机构的人才引进机制政策环境不够完善,包括福利政策等;二是个人经济收益没有达到预期,如我国高校或研究性机构的薪资水平与国外提供的相应水平仍有差距;三是我国高校或研究性机构内的成长空间不足,我国体制内的晋升空间与国外晋升模式不同,国外的晋升模式相对比较稳定,也是海外归国博士考虑的因素之一。

2. 海外博士学位获得者学位授予学校的层次变化趋势

以 ARWU2012 中大学所处位次作为博士学位授予学校层次衡量标准,可以发现,海外归国高层次人才中,海外博士学位授予学校的层次总体上仍然较低,博士学位授予学校居于 Top100 的比例仅为 47%;非Top200 的比例为 26%。2000 年以后,非 Top200 的比例更是高达 38%。从变化趋势看,1994—1995 年的海外归国博士,其博士学位授予学校均为Top100。以 2000 年为界,1994—1999 年期间,海外归国博士,其博士学位为 Top10、Top50 和 Top100 大学的年平均比例均是 2000 年以后的两倍及以上;来自非 Top200 大学的海外博士主要集中在 2000 年之后(见表 1-5)。

表 1-5 海外归国博士学位获得者学位授予学校的层次

年份	Top10(%)	Top50(%)	Top100(%)	Top200(%)	非 Top200(%)
1994 年	38	63	100	100	0
1995 年	0	100	100	100	0
1996 年	9	36	45	82	9
1997 年	0	22	56	67	22
1998 年	15	30	45	70	15
1999 年	13	50	75	100	0
2000 年	5	24	43	62	38
2001 年	0	25	25	50	38

续　表

年份	Top10(％)	Top50(％)	Top100(％)	Top200(％)	非Top200(％)
2002年	6	11	28	56	39
2003年	0	0	10	40	50
2004年	7	21	29	64	29
2005年	7	27	53	60	33
2006年	0	30	50	60	40
2007年	0	0	0	56	22
2008年	22	44	44	56	44
2009年	8	8	25	50	42
2010年	17	50	67	83	17
平均	9	32	47	68	26

注："Top N（％）"指在 ARWU2012 中排名前 N 位大学（Top10、Top50、Top100、Top200）中获得博士学位的人数占归国海外博士学位获得者的比例。在海外非高等院校的机构中取得博士学位的不计入该表。

从非 Top200 高校中的归国博士一直处于增长趋势来看，对于处于非 Top200 学校毕业博士，我国的各项引进政策可以符合他们的标准，包括薪资待遇、福利待遇以及教育成长等，但是对于 Top200 高校毕业的博士来说，我国人才引进政策所提供的经济条件、教育成长环境等与国外高水平研究型大学可以提供的条件和发展环境相比较，还不是很有竞争力。另一方面，虽然我国各高校及独立研究机构近年来加大了对海外顶尖研究型大学（Top100）博士毕业生的招聘和引进力度，也设置了国家层面的高层次人才引进专项政策或人才计划项目，发挥了很好的引领作用。由于引进政策或人才计划项目设置了较多限制性的论文发表等限制性要求，能够在博士毕业即达到要求的仍然较少，如果在入职之初得不到相应的人才计划项目支持，海外顶尖研究型大学博士毕业生期待的生活和工作待遇,一般也不具有很大的竞争力,缺少的稳定的较好的收入预期这也可能是造成世界顶尖大学博士毕业生回国比例减少的原因之一。

3. 无海外博士学位归国高层次人才的海外经历变化趋势

与归国的海外博士学位获得者相比,无海外博士学位的归国高层次人才多以博士后、访问学者、合作研究等形式服务于海外机构。无海外博士学位的归国高层次人才海外背景变化趋势主要体现为其海外工作年限和海外工作单位的类型及层次的差异。

从海外工作年限看,有 5 年以上海外工作经历的归国人员仅占 12%;具有 1 年海外经历的比例为 21%。其中,1994—1999 年期间拥有 3—5 年海外工作经历者所占比例比 2000 年后平均高 8 个百分点;2000 年以来仅有 1 年海外经历的入选者比例比 1994—1999 年增加了 8 个百分点;拥有 10 年以上海外工作经历的人数有所增加。从海外工作单位的类型看,归国前的工作单位主要是大学,在大学以外机构工作的比例平均为 27%(见表 1-6)。无海外博士学位却有 5 年以上海外经历的归国人才一般是在国内获得博士学位后,有连续在多国多个研究机构从事访问研究工作的经历,有些人以博士后身份去国外从事研究工作,后升任研究员。从海外工作单位的层次看,归国前在 ARWU2012 Top10 大学工作的人员比例略高于从 Top10 大学获得博士学位的人员比例,但是在 Top100 大学工作的人员比例却低于海外博士获得者在该层次高校的分布比例。在 Top200 以外大学工作的人员比例与海外博士学位获得者的情况近似。

表 1-6 无海外博士学位归国人才的海外经历

年份	海外工作年限				海外工作单位			
	1 年(%)	3—5 年(%)	5 年以上(%)	最长年限(年)	Top10(%)	Top100(%)	>Top200(%)	非大学的机构(%)
1994 年	13	50	0	5	13	38	38	13
1995 年	29	29	14	6	29	29	0	43

续　表

年份	海外工作年限				海外工作单位			
	1 年（%）	3—5 年（%）	5 年以上（%）	最长年限（年）	Top10（%）	Top100（%）	＞Top200（%）	非大学的机构（%）
1996 年	10	20	10	9	0	20	30	50
1997 年	18	47	12	8	12	29	29	24
1998 年	8	54	15	10	23	38	15	23
1999 年	19	38	10	8	19	43	10	29
2000 年	25	19	19	8	0	31	25	31
2001 年	20	36	4	12	4	24	20	24
2002 年	14	36	18	8	18	27	36	23
2003 年	22	30	7	7	4	19	19	22
2004 年	25	17	29	11	4	42	13	21
2005 年	24	28	8	10	16	40	32	20
2006 年	31	35	12	6	4	23	23	19
2007 年	30	33	13	15	10	43	20	17
2008 年	29	32	16	13	3	35	32	19
2009 年	19	44	15	9	11	26	37	19
2010 年	22	47	6	6	13	44	16	22
平均	21	35	12	/	11	32	23	27

注：海外工作年限中多次出国的，以最长一次的年限为准，多次出国年限相同的，以最早的一次为准；海外工作单位以选定的年限中，最后一次服务的单位为准，仅以"海外大学"这类单位为例进行分析；"3—5 年"的包括 3 年和 5 年的；"Top N（%）"指在 ARWU2012 中排名前 N 位大学（Top10、Top50、Top100、Top200）中从事访问研究等工作的海外归国人员占该类人员的比例；"非大学的机构"包括公司、研究所、国家实验室等。

（三）我国海归人才的分布与迁移

1. 海外归国高层次人才的机构分布

海外归国高层次人才归国后首次受聘的机构集中在高校和中国科学院所属研究所。1994—2010 年期间数理、化学学部海外归国人才中有 55％在高校工作，其中 39 所"985 工程"高校居多（见表 1－7）。

表 1－7　海外归国高层次人才的机构分布

年份	海外归国高层次人才		海外博士学位获得者		海外工作经历者	
	中科院（%）	高校（%）	C9（%）	985（%）	中科院（%）	C9（%）
1994 年	44	56	25	75	63	25
1995 年	44	56	0	100	57	43
1996 年	38	57	27	64	50	30
1997 年	46	50	44	67	53	18
1998 年	48	48	45	55	62	15
1999 年	59	41	25	25	52	19
2000 年	38	62	24	52	31	31
2001 年	30	67	50	63	28	48
2002 年	53	43	22	39	59	23
2003 年	35	51	10	40	30	41
2004 年	47	47	36	43	50	17
2005 年	35	65	27	67	36	36
2006 年	42	56	10	30	42	35
2007 年	41	56	22	56	43	23
2008 年	35	65	44	44	32	32

续　表

年份	海外归国高层次人才		海外博士学位获得者		海外工作经历者	
	中科院(%)	高校(%)	C9(%)	985(%)	中科院(%)	C9(%)
2009 年	33	67	33	67	37	30
2010 年	45	53	33	33	41	28
平均	42	55	28	54	45	29

注："归国单位分布"均指归国后首次聘用单位;985 指 985 工程重点建设的 39 所高校;C9 指"985 工程"首批重点建设的 9 所高校,包括北京大学、清华大学、浙江大学、上海交通大学、复旦大学、南京大学、中国科技大学、西安交通大学和哈尔滨工业大学。中科院指中国科学院。

"985 工程"首批重点建设的 9 所高校吸引了 28%的"海外博士学位获得者"和 29%的"海外工作经历者"。居于前三名的高校分别是北京大学、清华大学和南京大学。有 45%的"海外工作经历者"选择中科院,这其中多数曾受中科院资助进行海外访问研究或博士后工作。2004 年开始,非"211 工程"大学成功引进海外归国人才并入选数理、化学学部"杰青"共计 10 人。

2. 海外归国高层次人才的地域分布

有学者研究发现,我国科技人力资源总体上的地域分布极为失衡,大部分科技人员集中分布在沿海、沿江经济发达地区,西北不发达地区的科技人员数量非常稀少。[①] 从海外归国高层次人才的地域分布看,区域不均衡的特点也非常明显,见表 1-8。

北京、上海最集中,分别占 38%和 13%,紧随其后的分别是安徽、江苏、吉林、福建、辽宁、四川、湖北、浙江、天津和甘肃,但这些省份最多一年也只吸引过 5 人(2007 年安徽),前 13 个省份之和占全国海外归国人才总量的 88%,其中北京市占前 13 个省份人数的 44%。从分布变化趋势看,

---

① 李燕萍,孙红. 我国科技人力资源开发的现状、问题及对策[J]. 科技进步与对策,2009,26(04):143-147.

1994 年和 1995 年所有的归国人员都集中在前 7 个及以下省份，1994—
2002 年期间，前 13 个省份引进的人才占总量的比例为 92％，2003—2010
年期间降为 85％（见表 1-8）。

表 1-8　海外归国高层次人才的地域分布（人）

年份	北京	上海	安徽	江苏	吉林	福建	辽宁	四川	湖北	浙江	天津	甘肃	广东	占当年归国人数的比例（％）
1994 年	6	3	0	1	2	2	0	0	1	0	1	0	0	100
1995 年	4	0	1	1	0	0	2	0	0	0	1	0	0	100
1996 年	4	5	2	0	0	1	1	0	1	0	0	1	1	71
1997 年	9	6	2	0	4	0	0	0	1	0	0	1	1	88
1998 年	17	4	2	0	2	1	0	1	1	1	0	1	1	91
1999 年	13	3	2	2	2	1	1	1	1	0	1	1	0	97
2000 年	17	5	1	3	1	1	1	1	2	0	2	2	1	97
2001 年	13	5	2	2	3	0	0	1	1	2	0	1	0	91
2002 年	14	5	1	1	2	2	1	2	0	3	3	2	1	90
2003 年	13	3	1	5	2	1	1	1	0	0	1	0	0	76
2004 年	14	5	1	3	0	4	1	0	2	0	2	0	0	84
2005 年	18	4	2	2	1	3	2	1	0	1	1	1	2	90
2006 年	11	6	2	3	1	2	2	0	2	1	0	1	1	86
2007 年	14	1	5	2	3	2	3	2	0	1	1	0	1	87
2008 年	17	7	1	1	0	3	0	3	1	2	0	1	1	90
2009 年	12	7	3	1	1	2	1	1	1	1	0	1	2	79
2010 年	16	4	1	1	3	1	1	2	1	2	1	1	0	89
总计	212	73	29	28	27	26	17	16	15	14	14	14	12	88

注：作者根据样本数据整理。

与机构分布情况进行交叉分析发现,安徽、甘肃、吉林等少数内陆省份引进人才的良好表现主要归功于区域内拥有少数高水平大学或研究机构。如安徽省的引进人才集中在中国科技大学和中科院等离子体物理研究所,甘肃省的集中在兰州大学和中科院近代物理研究所,吉林省的集中在吉林大学和中科院长春应化所。高水平大学和研究所对内陆省份吸引高层次人才发挥了重要的平台作用。

3. 海归高层次人才的迁移

从海外归国高层次人才回国后的工作变动情况看,1994—2010 年期间工作单位发生变动的仅有 50 人,绝大多数归国后一直服务于同一单位。在工作变动的 50 人中,有 44％的人从中科院转出,其中一半以上是转入到非 C9 类高校,36％的人员选择了 C9 高校;从地域的流动看,北京、上海以净流入为主。

四、我国海归人才引进政策的局限与改革

海归高层次人才引进的政策逐步完善以及进一步的细化,体现了我国人才引进的决心,同时,这些政策解决了许多留学人员回国后的具体困难。总体分析来看,我国政府为吸引海外留学人员曾制定了一系列政策,经历了一个由政府要求留学人员回国工作到政府吸引他们回国工作的发展演化过程,为广大海外人才对国家建设贡献聪明才智营造了越来越宽松的外部环境。

(一) 海外人才引进政策的局限

1. 海外高层次人才引进相关政策内容、实施程序等过于"透明",人才战略的安全隐患逐渐显现

以往我国海外高层次人才引才的政策设计更多基于需求视角,着眼于如何引进和发挥海外高层次人才的作用,不求所有,但求所用,对引才计划实施对一些主要发达潜在的刺激和连带影响关注不够,对引进人才来源国的态度及可能的制约措施缺乏预见性和前瞻性的判断以及相应的

防范。随着国际形势的变化,我国出台了什么样的引才计划,包括要招聘什么样的人才、入选的资格条件等信息,以及在政策实施后加入人才计划的人才群体,均可以通过公开途径查阅。这为一些国家采取非正当手段进行人才争夺,限制人才正常流动等提供了便利。

2. 对国外人才流动相关法律法规研究不足,制度设计不完善,海外引才存在一定的法律风险

薪酬待遇和科研条件是吸引和激励海外高层次人才来华和回国服务的重要举措,但不同国家对科技人才跨国服务采取不同的限制性规定。比如,我国引进的海外高层次人才中,有部分在发达国家政府下属的科研机构工作,其利用学术休假等方式,短期归国工作,是常规的弹性引才和人才双聘方式,但也有可能因为聘用工作信息在其原雇佣单位报备不周全而受到质疑,成为弹性引才的一个潜在风险点。对引进人才创新成果的归属约定不够明确,易引发知识产权归属的争议。短期海外高层次人才引进计划、创业人才项目等柔性服务项目,不要求全职,这意味着这两类人才计划专家至少在服务期内同时为所在国与国内高校等两家机构服务,如果对职务发明等归属问题事先没有有效约定,将引发引才的法律风险。

股权激励是引进高层次人才回国创新创业的一种重要激励方式,但股权激励的机制有待完善。现行的国家及地方政府海外高层次人才引进管理办法中,均规定了相关股权激励的条款。针对海外归国创业人才的股权激励计划,将创新成果产出与人才自身的创业利益捆绑在一起,有助于激发其创新的动力,但同时由于利益捆绑,如果没有相关的约束机制,也有可能产生专利产品的知识产权纷争。这就涉及技术入股的"技术"是否有完整的知识产权。对于知识产权不清晰或不完整的技术,采用技术入股等人才激励方式,也可能埋下风险隐患。

3. 资格审核流于形式,风险评估操作有一定难度,"引才"风险难以完全消解

2017 年颁布的《国家海外高层次人才引进计划管理办法》第十九条规定,形式审查由平台部门负责,对申报人资格条件和申报材料等进行审

核。但由于大部分用人单位招聘海外人才时仍采用传统的管理机制，对应聘人的了解大多基于由本人提供的简历及同行的推荐信，形式审核流于形式。

风险评估机制可以亡羊补牢，但操作存在一定难度。我们注意到，2018年国家"海外高层次人才引进计划""国家高层次人才特殊支持计划"申报推荐时已对相关政策作出了重大调整，要求国家"海外高层次人才引进计划"所有项目增加风险评估程序，由用人单位对申报人的知识产权、竞业禁止等情况进行综合评估和审查，防范引才法律风险。但在政策实施时存在以下难点：一是在国际人才跨国流动、多国服务以及相关国家政策频频调整的复杂背景下，传统的人事管理机制难以满足国际化人才引进科学评估的要求，无法适应大数据时代国际人才资源的柔性集聚趋势。二是由于专利和知识产权相关协议属于商业机密，很难从公开途径获取相关知识，但由于难以系统掌握面上信息，导致依靠用人单位自身的力量，完成相关材料的审核难度很大。

4. 人才引进过度强化身份标签造成机会不公

无论是高校科研机构，还是企业，在人才引进时均会给予"帽子人才"特殊照顾，提供更高的薪酬。如果后续没有合理的绩效考核制度跟进，很容易造成机构内部各类人员收入分配的失衡，引起一些负面的攀比效应及由此带来人才流动等问题。在现实中我们经常可以看到，有些科研人员在工作上取得一定成绩、获得一定认可后，就开始争取各种人才称号和荣誉。一个人头上戴着若干人才计划"帽子"的现象十分普遍，但这些"帽子"并不能体现由小到大、成长递进的关系。竞争人才计划"帽子"，不仅因为人才计划"帽子"与薪酬、户籍、编制、住房津贴、子女入学、入出境管理等生活待遇紧密相关，而且很大程度上也是缘于引进人才的发展政策制定、实施和保障多以各级政府为主体，用人单位的主体权落实的还不够，市场在人才招聘、市场拓展、管理咨询等方面的作用尚未有效发挥。没有人才计划"帽子"，高校海归人才个体的"价值"则不能充分得到认可，不能得到充分的体现。由于政府人才工作的重心主要在"引才"上，引进以后的"用才"，主要还是在用人单位，引才的支持条件由政府保障，人才的使用由高校负责,有可能出现高校负责引,通过引才的方式争取政府的支持,但人才的使用环节关注不够。因为高校实际上支付较少的成本,人才的使用及考核评价等有待进一步科学合理的细化。这在实践中比较容易造成"引得进人才、用不好人才"的现象,导致权责不对称,形成人才资源的浪费。

(二) 国家海外人才引进政策的持续完善

1. 树立人才风险防范意识,构建安全引才和用才的体制机制

明确将人才安全作为国家安全的一部分,将安全引才和用才的体制机制建设纳入人才法律法规体系建设的重要组成部分。建立海外人才数据和资讯搜集分析机制,完善引才和用才的安全防范。一是用人单位或第三方人才引进中介机构等建立合作机制,加强对重点国家和地区的人才资讯收集分析,明确引才的方向和人才数据储备;二是针对国际人才竞争越来越激烈的现实,加强主要发达国家移民政策和科技人才支持政策的研究,对从事重点领域和关键技术研发的科技人才跨国服务,可能存在的限制性规定,提前进行研究,为针对性引进所需人才和法律保护服务等提供依据。要制定科学、安全引才和用人的制度规范,明确人才引进、使用和管理单位各级主体的安全责任,制定安全预防机制。

2. 完善海外人才知识产权保护机制

建立引进人才专利产品归属的认定机制,要求对其申报海外高层次人才引进计划等的专利或从海外自带入股的专利技术的归属进行说明和约定。制定海外引进高层次人才知识产权激励政策。由公共权威第三方机构对于这些原创知识产权进行专业价值评估,对于引进人才获得技术专利股权收益,接轨国际上通行的税收优惠,给予免交个人所得税政策。

3. 建立引进人才的合规和法律意识培训机制

借鉴美日等西方国家吸引海外科技人才的经验,在保障外国临时就业人员的合法利益和国内的就业秩序的同时,规范引进人才使用的科学性和实用性。推动国内用人单位定期对引进的海外高层次人才进行合规

和法律意识培训,加强引导和教育,增强自我保护和风险防范意识。

4. 以问题为导向,进一步完善海外高层次人才引进制度

我国的海外高层次人才引进计划,分为全职工作的实质性引进和非全职的柔性服务两大类目。不同类型项目在资格条件、遴选程序、服务管理、组织实施等也存在一定差异。继续坚持并完善专门针对海外高层次人才引进的专项计划,重点转为以实质性引进为主。建议聚焦少数海外华人杰出科学家,加大引进和资助力度,进一步加强实质性引进。为此,一要强化"事业引才"导向,以新时代中国特色社会主义建设提供的广阔事业发展空间作为引才的主导因素。二要完善实质性归国高层次人才在"人才计划"支持周期结束后的稳定支持机制,为其提供更加可预期的工作与生活的未来。三要加强组团式引进。建立针对顶尖人才及其创新团队的组合式引进政策,使顶尖人才归国后的工作更易于开展,也更有利于发挥顶尖人才的创新贡献。

减少以政府为主导的海外高层次人才柔性引进方式,改为由高校等用人单位为主导的普惠性实质性人才引进。一是不再将短期海外高层次人才引进计划和创业人才项目等柔性服务项目纳入"人才计划"的荣誉体系。鼓励高校科研机构通过设立实验室等方式,直接以实质性服务合同等方式引进海外高层次人才,并自主协商岗位职责与工作方式。将高校人才引进和流动作为一场常态化的人才工作,重在使用,而不是引进,避免将"引进"本身作为工作成绩,以用为主,实质性引进核心和关键领域的海外高层次人才。

第二章

省级政府海外人才引进政策的共性与特性

在国家科教兴国、人才强国战略的牵引下,在国家级人才计划项目引才效应的示范下,地方政府也持续加大人才建设力度,在引进海外留学人才归国发展方面,竞相发力。地方政府逐渐成为推动海外高层次人才引进的重要主体[①],纷纷结合本地实际,出台人才引进政策。因此,研究并进一步完善省级政府海外人才引进政策具有很强的现实意义。本章通过对省级政府海外人才引进政策进行文本分析,以期对政策现状和问题有一个清晰的认识,并据此提出改进建议。

一、省级政府海外人才引进政策概况

地方政府加强海外人才引进并出台专门政策,主要集中在国家"海外高层次人才引进计划"颁布前后。据统计,国家层面发布"海外高层次人才引进计划"前后,全国已有 29 个省、自治区、直辖市先后出台省级层面的海外高层次人才引进政策。从可获得的 24 个省份政策文本看,辽宁和吉林 2008 年出台相关政策,北京、天津、山西、湖北、重庆等 15 个省、自治区(直辖市)2009 年出台相关政策,河北、上海、浙江、福建、江西等 7 个省、自治区(直辖市)2010 年出台相关政策。有些省份是在此前相关政策基础

---

① 吴帅.府际关系视野下的我国海外引才政策同质化研究[J].中国行政管理,2014(09):89-92.

上,进一步加大政策力度,如上海市。从地方政府人才引进政策的实施周期看,有 17 个省份计划用 5—10 年时间完成,与国家"海外高层次人才引进计划"实施周期一致。内蒙古自治区计划以 3—5 年完成人才引进工作,湖南、重庆、辽宁均计划用 5 年左右的时间达成目标。从人才引进规模来看,除湖北、四川、陕西和宁夏外,多数中西部省份在 100 名左右,北京、天津、浙江、福建、广东、山东等东部发达地区计划引进的人数至少 200名。上海计划引进的海外人才规模最大,目标是 2 000 人,其次是天津、辽宁,广东和江西(见表 2-1)。

表 2-1　海外人才引进政策基本概况

基 本 信 息		省(自治区、直辖市)
发布时间	2008 年	辽宁　吉林
	2009 年	北京　天津　山东　广东　山西　安徽　河南　湖北　湖南　重庆　四川　青海　宁夏　陕西　云南
	2010 年	河北　上海　浙江　福建　江西　内蒙古　广西
引进规模	100 名	河北　山西　安徽　湖南　广西　重庆　青海　云南
	120 名	河南
	200 名	北京　山东　湖北　四川　宁夏　陕西
	300 名	浙江　福建　吉林
	500 名	广东　江西
	1 000 名	天津　辽宁
	2 000 名	上海
实施周期	3—5 年	内蒙古
	5 年	湖南　重庆　辽宁

续　表

基　本　信　息		省(自治区、直辖市)
实施周期	5—8 年	广东
	5—10 年	北京　天津　河北　上海　浙江　福建　山东　山西　安徽　河南　湖北　四川　青海　宁夏　陕西　云南　吉林
	10 年	江西　广西

资料来源：各省、自治区、直辖市公布的相关人才政策。下同。

注：以可获得政策文本的 24 个省级政府为对象；内蒙古自治区未明确"引进规模"。江西、内蒙古、广西、陕西、吉林是面向"海内外"引进高层次人才。

二、海外人才引进标准的省际比较

各地对海外人才引进对象或引进人才的标准都有明确规定，主要涉及学历学位、工作的类型、服务时间等方面。从学历学位要求看，河北、上海、浙江、山西、湖南、吉林把引进人才分为"创新人才"和"创业人才"两类，对"创业人才"，只要海外硕士学位即可，对"创新人才"则要求具有海外博士学位。北京、天津、上海等 14 个省份明确要求"须在海外取得博士学位"。从对海外人才的需求类型看，学术类、企业高管类和创业类是三个主要类型，创业类人才需求最大。从对人才服务时间的要求看，11 个省份要求每年不低于 6 个月，3 个省份要求每年不低于 9 个月。也就是说有14 个省份对海外人才的服务时间的要求不是全职。仅江西、内蒙古两地分别要求连续工作 3 年和 5 年(见表 2 - 2)。

表 2 - 2　各省级政府海外人才引进标准

引　进　标　准		省(自治区、直辖市)
学历学位	海外博士	北京　河北　天津　上海　浙江　山东　山西　安徽　河南　湖北　湖南　重庆　四川　青海
	海外硕士	福建　河北　上海　浙江　山西　湖南　吉林

续　表

引　进　标　准		省（自治区、直辖市）						
需求类型	学术类	北京 安徽	天津 江西	上海 河南	浙江 湖北	福建 四川	山东 陕西	山西
	高管类	北京 安徽	天津 江西	上海 河南	浙江 湖北	福建 四川	山东 陕西	山西
	创业类	北京 安徽 宁夏	天津 江西 陕西	上海 河南 吉林	浙江 湖北	福建 湖南	山东 四川	山西 青海
服务时间	每年不少于 6 个月	北京 四川	福建 青海	山东 宁夏	安徽 陕西	河南	湖北	重庆
	每年不少于 6 个月，连续工作不少于 3 年	浙江	山西	湖南	吉林			
	每年不少于 9 个月	河北	上海	广西				
	连续工作不少于 3 年	江西						
	连续工作 5 年以上	内蒙古						

注：广东、内蒙古、广西、辽宁未明确提出人才的"学历学位"要求；天津、广东、云南、辽宁未明确引进人才的"服务时间"要求。

三、海外人才引进待遇的省际比较

引进待遇可分为提供工作条件和生活待遇两方面。工作条件包括地方政府为引进人才提供事业平台、启动资金支持、参与各种奖励评选机会等；生活待遇包括一次性补助、个人所得税优惠、住房、医疗服务、社会保险、家属安置等。

从工作条件角度看，各地在岗位选择、项目支持、资金扶持、评选奖励、绩效评估等方面均有明确规定。多数省份规定,海外归国高层次人才可担任高校、科研院所、企业、金融机构中级以上领导职务或高级专业技术职务;可参与重大项目咨询论证、重大科研项目、重点工程建设、标准制定等工作,可担任重大项目负责人;可申请有关部门的科技资金、产业开发扶持资金等;可参加各种学术组织,评选两院院士,参评有关荣誉称号和各类奖励;在绩效评估上,部分地方开始按国际惯例进行弹性考核与评价(见表2-3)。

表2-3　各省级政府为海外人才提供的工作条件

工作条件		省(自治区、直辖市)
岗位选择	可担任高校、科研院所、企业、金融机构中级以上领导职务或高级专业技术职务	北京　河北　天津　上海　福建　山东　山西　安徽　湖北　重庆　四川　青海　陕西
项目支持	可参与重大项目咨询论证、重大科研项目、重点工程建设、标准制定等工作,可担任重大项目负责人	北京　河北　天津　上海　福建　山东　山西　安徽　江西　湖北　宁夏　重庆　四川　青海　陕西
资金扶持	可申请有关部门的科技资金、产业开展扶持资金等	北京　河北　福建　山东　山西　安徽　江西　湖北　内蒙古　宁夏　重庆　四川　青海　陕西
	鼓励项目风投基金、资金信用担保	上海　内蒙古
评选奖励	可参加各种学术组织,评选两院院士,参评有关荣誉称号和各类奖励	北京　河北　天津　上海　浙江　福建　山东　山西　安徽　江西　湖北　内蒙古　宁夏　重庆　四川　青海　陕西　辽宁　吉林
绩效评估	按国际惯例进行弹性考核与评价	北京　上海　山西　安徽　湖北　重庆　四川　陕西

注:广东、天津、内蒙古、广西、重庆、云南、辽宁无明确规定。

在生活待遇方面,各地除了按照中央和地方有关规定提供便捷的居留和入出境、户口办理手续等必备的条件外,还在一次性补助、住房、医疗服务、配偶子女安置等方面做出详细规定。

北京、天津、上海、浙江、山东、山西、江西、湖北、内蒙古、广西、四川、吉林等15个省份为引进人才提供至少100万元的一次性补助;天津最多,达到300万元;其次是福建,200万元;一次性补助力度在50万元及以下省份主要是经济欠发达地区。另外,一次性补助的发放与引进人才类型挂钩,对创业人才的补贴标准要高于创新人才,自然科学的人才高于人文社科人才。对人才引进后的收入,多个省份保证与引进前收入水平相当,同时给予一系列免税待遇。

有15个省份为人才提供租房或租房补贴。福建、江西、湖北、青海、宁夏等省份承诺"为引进人才提供不小于120平方米的住房"。山东、陕西、辽宁和吉林等省份为配偶与子女一同来工作的人才"租用150平米左右的住房"。在社会保险方面,多数省份规定归国人才可参加基本养老、基本医疗、工商保险、商业补充保险等。北京、天津等9个省份明确规定为归国人才提供优质医疗或医疗保健。家属安置工作主要涉及配偶工作和子女入学两方面。北京、天津、河南、湖北、内蒙古、重庆等地规定为引进人才的配偶安排工作或发放生活补贴;子女就学可选择当地公办学校或国际学校,在同等条件下高考优先录取或加分(见表2-4)。

表2-4　各省级政府为海外人才提供的生活保障条件

生活保障政策		省(自治区、直辖市)
住房条件	提供租房或租房补贴	北京　天津　福建　山东　江西 河南　湖北　重庆　四川　青海 宁夏　陕西　辽宁　吉林　内蒙古
	提供不少于120平方米的住房	福建　江西　湖北　青海　宁夏
	提供不少于150平方米的住房	山东　内蒙古　陕西　辽宁　吉林

生活保障政策		省(自治区、直辖市)
社会保险	可参加基本养老、基本医疗、工商保险、商业补充保险等	北京　天津　福建　山东　河南 湖北　重庆　四川　青海　宁夏 陕西
医疗服务	提供优质医疗或医疗保健待遇	北京　天津　福建　山东　河南 湖北　重庆　青海　四川
配偶安置	安排工作或发放生活补贴	北京　天津　福建　山东　河南 湖北　内蒙古　重庆　四川　青 海　宁夏　陕西
子女入学	可选择当地公办学校或国际学校就读；高考同等条件下优先录取或加分	

注：上海、浙江、山西、安徽、江西、广西、辽宁和吉林按中央或地方有关规定执行。未从河北、广东、湖南、云南的人才引进政策中找到相关信息。

四、省级政府海外人才引进政策存在的问题

省级行政区域根据在国家级人才计划项目的效应牵引下，相继出台政策，加大海外人才引进工作，从一个方面体现了地方政府对人才引进的高度重视。但通过对政策文献的梳理和比较，可以发现，省级政府海外人才引进政策总体上存在三个明显的问题。

（一）引进力度区域差异明显，区域间高层次人才资源差距可能进一步拉大

由于经济社会发展水平差异，东部经济发达地区对海外人才的引进力度相对较大，拟引进规模、引进标准和引进待遇相对较高。为引进人才提供的创新环境相对较好。中西部地区省份计划引进的人才规模较小，引进标准和引进待遇相对较低。从现有的政策规定看，经济发达地区，对海外人才的吸引力更大，人才引进的层次可能更高。发达地区与欠发达

地区的人才资源的差距有可能进一步拉大。与发达省份比较,欠发达地区高层次人才相对稀缺,对海外人才的需求更强烈,但经济实力与发达地区的现实差距明显。如果各省仅以工作条件和生活保障条件作为人才引进的"筹码",则会出现地区之间"人才需求"与"支付能力"的冲突。人才资源差距的拉大无疑将会阻碍国家实现区域间均衡发展的努力。

(二) 人才引进政策实施周期相对集中,造成地区之间的恶性竞争

从出台时间看,省级政府的海外人才引进政策集中在 2008—2010 年期间,其中 2009 年有 15 个省。从政策颁布的时间节点看,对接国家"海外高层次人才引进计划"的目的明显。从人才引进的类型看,省级政府之间大同小异,特色不显著。政策出台时间集中、标准较为雷同、人才引进规模以及人才使用方式均较为类似。省级政府集中出台类似的海外人才引进政策,难免造成各地之间在人才引进上的"恶性竞争",同时导致一些拟归国的海外人才"待价而沽"、在多个地区多个单位之间"要价"的现象频繁发生。这一方面会人为抬高引进成本,另一方面也可能降低人才引进的针对性。目前,各地完成人才引进指标十分困难,甄别的余地比较小,以"竞价方式"获得的高层次人才与原有人才之间的融合更是困难。

(三) 单个省份人才引进政策的科学性不足,实施效果存疑

单个政策科学性不足主要体现在以下几个方面。一是人才引进规模小,实施时间短。从引进规模看,最多的是上海,计划引进 2 000 人;其次是天津、辽宁,计划引进 1 000 人;其他省份都在 500 人及以下,有 8 个省份仅有 100 人。从政策实施周期看,短的只有 3 年,长的 10 年,多数省份是用 5—10 年时间。寄希望于短期内引进一小批人,对地方发展产生大的推动作用,可能性存疑。二是人才引进标准弹性较大,"高度"不高。从对服务时间的要求看,"柔性引进"是主要方式,比如有 11 个省份要求每年工作时间不少于 6 个月即可。引进的形式是"柔性",但是工作类型很多是"创新型"或"高管型"。这一方面会造成工作性质与服务时间之间的不一致,另外,受引进形式和服务时间制约,引进人才能够发挥的实际作

用有限。三是重引进、轻使用,软环境的改善少。对引进人才,除了给予数额较高的一次性补助以及生活上的照顾和安顿外,还有各种"封官"与"许愿"。但是反观人才使用的软环境,则改善较少。骆克任等人的研究同样显示,法规还不够健全、政策透明度低、相关解释不统一、行政手续繁琐、工作人员态度较差、办事效率低以及局部存在的上热下冷、先热后冷等政策不落实现象,往往使海外归国人才积极性受到很大影响。①

五、改进省级政府海外人才引进政策的建议

通过政策引导,吸引海外人才回流是国家发展的必然阶段。同时,人才回流也与经济、政治、科学技术、社会环境等要素有着密切联系。② 针对我国省级政府海外人才引进政策存在的问题,可以采取以下措施进一步加强政策目标与内容的衔接,提高政策实施效果。

(一) 实现从"待遇"引人到"事业"引人的转变,加快营造公平、公正的人才发展机制与环境

以"待遇"引人拼的是各地已有经济实力和基础,得到的是人才引进的"数字"和"人才引进的政绩"。受经济发展水平和地方政府财力的限制,以待遇引人,则中西部地区始终无法与东部地区竞争。但冲着"待遇"而来的人才,其对更高"待遇"的期待也使其工作心态处于摇摆中。引进"女婿"气走"儿子",引进"小女婿",气走"大女婿"是常有的事。以"事业"引人,拼的是各地发展的潜力和机会,得到的是引进人才的"才能"和"地方发展的政绩"。以事业引人,各地可以立足区域特色,实现东、中、西部在人才引进上的差异化竞争。从发展机遇看,中西部地区人才浓度较低,且处于加快开发开放的大战略中,更有利于人才脱颖而出。因此,建议国

---

① 骆克任,何亚平.海外人才回流规模的预测及引进策略的若干思考[J].上海交通大学学报(哲学社会科学版),2005(04):48-52.

② 石凯,胡伟.海外科技人才回流动因、规律与引进策略研究[J].中国人力资源开发,2006(02):23-26.

家对地方政府引进海外人才给予引导,鼓励地方政府人才引进中,从给予"超国民待遇"向"国民待遇"转变,以发展机会等软环境引人,以事业为载体,通过营造公平、公正的人才竞争机制和发展环境,让引进人才得到持久的"高收益"。

(二) 进一步加强实质性引进,减少柔性引进比例

改革开放之初,为了减少海外人才回国的顾虑,减少引进单位与原单位之间薪酬差距造成的负面影响,"不求为我所有,但求为我所用"成为政府人才引进和使用中的重要方式之一,也成为人才战略中领导者开放包容理念的重要体现。"不求为我所有,但求为我所用"的"柔性引进"成为我国海外人才引进中的一种较为普遍的现象,成为地方政府和单位海外高层次引进人才的主要使用方式。"柔性引进"人才对加强地方和所在单位的国际交流,促进国际合作,拓宽国际视野发挥了积极作用。但是随着我国本土人才队伍的发展壮大,随着海外人才引进规模越来越大,以及引进人才待遇逐步与国际接轨,"柔性引进"比例越用越高。"柔性引进"更多成为建立"关系"的纽带,而不是为了利用其智力和技能,已经成为导致引进人才"贡献"与"待遇"不一致的原因之一。在当前阶段,建议国家加强引导,鼓励地方政府改变人才使用观念,加强实质引进,逐步减少柔性引进比例,大幅提高柔性引进人才的标准,以提高引进人才的效益。

(三) 加强以海外高层次人才为核心的人才团队引进

各地海外高层次人才引进政策都是瞄准单个人才个体,对人才的成建制引进重视不够。从创新和创业的工作特点看,特别是理工科专业的创新或创业,不仅需要高层次人才发挥核心和带动作用,也需要一支沟通顺畅、结构合理的辅助团队支持。从实际情况看,海外归国高层次人才能否顺利打开工作局面,很快取得进展和突破,一个重要方面是能否得到稳定有力的团队支持。加强以海外高层次人才为核心的人才团队引进,可以在局部实现学术生态的平移,在高层次人才与国内大的科研环境之间建立一个缓冲,有利于高层次人才更快地发挥所长并且逐步适应国内科

研环境,减少在短期内产生冲突或出现"排异现象"。

(四) 加强国家层面人才引进政策对中西部地区的"转移支付"功能

"转移支付"是财政政策中,上级政府对下级政府因财力与事权不匹配而给予特定支持的方式,是上一级政府对下级政府的无偿补助。在我国地区发展不平衡和高水平大学区域分布不均衡的现实情况下,各地在海外高层次人才引进中的竞争力也是不均衡的。中西部地区发展相对落后,对高层次人才需求更迫切,但地方政府支持能力相对较弱。因此,建议参照财政"转移支付"方式,加强国家在海外高层次人才引进上对欠发达地区的"转移支付"。即在国家层面(包括部委层面)的海外高层次人才引进计划中,除了全国统一申报,公平、公正的评审支持外,单列面向中西部地区的支持名额,在不降低人才入选标准的前提下,扩大中西部地区的海外人才引进规模,弥补地方政府海外高层次人才引进上可能存在的差距,为中西部地区的发展提供更大的人力资源支持。

第三章
高校层面海外人才引进政策供给与个体需求匹配

　　加快引进海外人才是高校人才强校战略的主要举措之一。2008年国家"海外高层次人才引进计划"实施以来,高校引进海外人才的力度持续加大。高校海外人才引进政策供给与拟归国人才的个体需求之间是否匹配,既是分析引进人才政策效果的应有视角,也可为进一步完善引进人才政策提供参考。在沪高校是上海建设全球有影响力科技创新中心的主力军之一,也面临着提升自身发展水平、推进世界一流大学和一流学科建设的竞争压力,加快海外人才引进工作成为在沪高校普遍重视的人才队伍建设举措。故此,本章内容以在沪高校为样本,对海归青年教师引进政策供给与个体需求的匹配情况进行探索性分析,构建政策供给与需求匹配分析模型并进行检验,同时尝试分析政策供给与需求的错配、未配问题,并提出针对性建议。

一、高校海归人才引进政策研究脉络

　　学术界关于海归青年教师引进政策的研究已比较丰富。曾婧婧等人分析了全国20所"985工程"重点建设高校的职称评聘细则,发现多数高校的评聘标准中对海外经历有要求。① 笔者对全国省级政府的海外人才

　　① 曾婧婧,邱梦真. 当前我国高校教师职称评聘的特点——基于20所"985工程"高校的职称评聘细则[J]. 现代教育管理,2016(10):73-80.

引进政策进行了文本分析,发现人才引进政策共性有余、个性不足,普遍重物质条件,轻工作环境。① 陈昌贵和粟莉指出,海归教师的引进工作存在重招聘、不重培养使用的问题。② 王永春在访谈天津市 49 位"海外高层次人才引进计划"学者和 24 位高校人事管理者之后也认为,高校海归人才引进政策重视前期引进而忽视后续的资助和管理,部分引进人才政策无法落实。③

关于高校海归教师流动、绩效、适应与满意度以及个体需求的研究也比较丰富。多项研究指出,寻求职业发展机遇是海外华裔人才回流的核心动力。④-⑤李梅对 73 位留美学术人才的归国意向进行问卷调查后发现,事业发展是留美学术人才回流的首要"拉力"因素。⑥ 海外经历对海归教师在科研、教学等方面的表现具有积极影响。陈昌贵和粟莉认为,我国高校海归教师在教学、科研和管理中发挥了积极作用,繁荣发展了高校的国际学术交流。⑦ 有一些研究聚焦于高校海归青年教师归国适应情况和对工作的满意度。如朱原、朱晓芸等人对浙江大学 147 位海归青年教师工作满意度的研究⑧,李奕嬴等对 2008—2017 年 20 座城市海归青年教师首

①　朱军文,沈悦青.我国省级政府海外人才引进政策的现状、问题与建议[J].上海交通大学学报(哲学社会科学版),2013,21(01):59‐63,88.

②　陈昌贵,粟莉.1978—2003:中国留学教育的回顾与思考[J].中山大学学报(社会科学版),2004(05):115‐119,128.

③　王永春.天津市高校留学归国人才满意度分析——以天津市第十批"海外高层次人才引进计划"为例[J].天津师范大学学报(社会科学版),2017(01):59‐64.

④　Gibson J, McKenzie D. The economic consequences of "brain drain" of the best and brightest:Microeconomic evidence from five countries[J]. The Economic Journal, 2012,122(560):339‐375.

⑤　李梅.中国留美学术人才回国意向及其影响因素分析[J].复旦教育论坛,2017,15(02):79‐86.

⑥　李梅.中国留美学术人才回国意向及其影响因素分析[J].复旦教育论坛,2017,15(02):79‐86.

⑦　陈昌贵,粟莉.1978～2003:中国留学教育的回顾与思考[J].中山大学学报(社会科学版),2004(05):115‐119,128.

⑧　朱原,朱晓芸,孙伟琴,徐宝敏.海外引进青年教师工作生活质量研究——基于模糊综合评价法的分析[J].浙江社会科学,2013(11):142‐145,160.

聘期满意度差异的比较研究[①]。关于高校教师个体的需求,李宝斌和许晓东运用马斯洛需求理论,对 20 所高校 789 位教师进行问卷调查后发现,教师个体的需求依重要程度排序,依次为成就需求、物质生活需求、学术发展需求、愉悦生活需求、安全感需求。[②]

总体而言,已有研究或者专注于人才引进政策,或者专注于海归人才的流动、绩效、再适应、满意度或个体需求。对高校海归青年教师引进政策供给与个体需求进行重点研究,探究政策供给与个体需求之间的匹配状况以及供求错配、未配问题,是本研究希望有所贡献的地方。

二、高校层面海归人才引进政策供求匹配模型

(一) 概念界定

本研究所称的海归青年教师指出生地为我国大陆地区,年龄在 40 周岁及以下,在境外(包括我国港、澳、台地区)已经获得或正在攻读博士学位,目前仍在境外但有意愿回到大陆地区高校从事教学和科研工作的人才。在个体需求调查中也称其为境外拟归国青年人才。

海归青年教师引进政策指高校为引进海外青年人才制定的系列政策,包括家属与子女安置、住房保障、户籍安排、薪资、研究与教学支持、职称晋升与评价等方面。在本研究中,将该政策主要分为两类:一类是为海归教师定制的政策,在其招聘要求里明确要求有海外学习或工作背景;另一类是通用的引进政策,对海内外所有符合条件的人才都适用。

个体需求指海外拟归国青年人才对归国担任高校教师,在职业发展、工作环境、社会环境、自然环境、个人生活与家庭生活等多个方面的需要和诉求。

匹配程度指高校海归青年教师引进政策与海外拟归国青年人才个体

---

① 李奕嬴,朱军文. 高校海归青年教师首聘期工作满意度的地域差异研究——基于 2008—2017 年 20 所城市调查数据的分析[J]. 高等教育研究,2018,39(11):56 - 63.

② 李宝斌,许晓东. 基于需求因子分析的高校教师激励措施探究[J]. 高等工程教育研究,2013(03):137 - 142.

需求的一致性程度,包括政策供给内容与个体需求内容的一致性程度,以及政策供给强度与个体需求强度的一致性程度。

(二) 政策文本梳理和政策强度划分

本研究共选取了 15 所在沪高校作为研究对象,包括 9 所"双一流"建设高校和 6 所普通高校。海外青年教师引进政策资料以这些学校官方网站公布的、仍然具有效力的学校层面人才引进系列规定为标准,共收集到 27 份政策文本。

我们首先对政策供给内容进行编码处理,将政策文本中同一语义的不同表达方式归一化为标准化表达方式(如"薪酬津贴");再根据引进人才对应职级(如讲师、副教授、教授)对政策供给标准进行归类。在此基础上,统计所有政策要点出现的频次、在全部政策内容中出现的频率,以及在政策文本中的相对次序。

关于政策供给强度,已有研究以文本频率为衡量指标的居多[1][2]。在语言学的话语分析中,既关注话语内容本身,也关注话语结构和发生顺序。[3] 如张维忠和岳增成在比较不同国家和地区高中教材的内容时,即考虑了教材编排顺序对研究的意义。[4] 本研究借鉴相关研究方法,对人才引进政策中具体政策要点强度的划分以其出现频率和在政策文本中的相对位置为依据。若某一条政策要点的出现频率大于 0.5,且相对位置排在政策文本的前 50%,则将其强度定义为较强;若出现频率大于 0.25,相对位置排在前 75%,则定义为中强;其余政策要点的强度归为较弱一类。例如"薪酬津贴"政策要点,在 27 份文本中都有出现(频次为 27),出现频率为

①　杨慧,杨建林.融合 LDA 模型的政策文本量化分析——基于国际气候领域的实证[J].现代情报,2016,36(05): 71 - 81.

②　余传明,郭亚静,龚雨田,黄漫宇,彭虎锋.基于主题时间模型的农村电商扶贫政策演化及地区差异分析[J].数据分析与知识发现,2018,2(07): 34 - 45.

③　毛浩然,徐赳赳,娄开阳.话语研究的方法论和研究方法[J].当代语言学,2018,20(02): 284 - 299.

④　张维忠,岳增成.高中统计与概率教材内容编选比较——基于中国大陆、香港、台湾和澳大利亚高中教材的文本分析[J].全球教育展望,2015,44(04): 95 - 103.

1;在政策文本中的绝对位置居于 1—4 位(绝对位置值最大为 10),取其最小值 1,则"薪酬津贴"的相对位置值为 10%;综合起来,"薪酬津贴"政策要点的政策供给强度为较强。此外,本研究还选择了 15 所高校中的 7 所高校,对其人事管理部门中负责人才引进的管理者进行了访谈,用以补充和解释政策文本内容。

(三) 个体需求调查、数据处理与需求强度划分

参考已有文献资料,我们自编了《海外拟归国青年人才个体需求调查问卷》,问卷内容包括调查对象的归国意向和职业选择意向,人口学特征、学术背景、生活经历、学术成就等基本信息,以及个体需求等三个部分。其中,个体需求共列举了薪酬、科研与教学支持、工作环境、个人生活与家庭支持等 20 项政策供给可能予以满足的因素,以及高校的学术声誉、地理位置与自然环境等 6 项无法直接通过政策供给予以满足的因素。

本研究借助留学生所在地区的中国使领馆教育处、中国海外人才交流会等渠道,通过网络共向 1 200 人发放了电子调查问卷,回收 236 份问卷,回收率约 20%,剔除无效问卷 50 份,有效问卷为 186 份。在本次调查的对象中,男性占比 54%,女性占比 46%;年龄在 30—40 岁之间的占 27%,30 岁以下的占 73%;约 80% 的人员尚未结婚,超过 90% 的人员无子女;已经获得博士学位的占 25%,博士在读的占 75%;理工学科的占 67%,社会科学的占 18%,其他学科的占 15%;80% 的人员分布在北美、欧洲地区;有海外任教经历的占 20%;在国际高水平期刊发表过论文的占 61%;在世界排名前 100 的大学就读或获取博士学位的占 70%[①];约三分之一的是自费留学,三分之二通过各种资助留学;在海外生活 4 年及以上的占 57%,略多于在海外生活 3 年及以内的。课题组还对 186 个样本中的 8 位青年人才进行了访谈,用于补充和解释定量数据。

---

① 上海交通大学世界一流大学研究中心. 2017 世界大学学术排名[EB/OL]. https://www.shanghairanking.cn/rankings/arwu/2017.

　　在需求强度的研究中,存在多个强度等级划分方式[①-②]。本研究在调查问卷第三部分设计了一个题项("请根据个人对归国后选择第一份教职时看重的因素,按照重要程度进行打分,0 分为最低分,10 分为最高分"),用以评估海外拟归国青年人才个体对不同需求的看重程度,得分越高则需求强度越大。以 Excel 和 SPSS(v. 23)为分析工具,本研究将政策供给可能予以满足的个体需求的强度划分为较强、中强和较弱 3 个等级。首先,计算每一项个体需求的均值,将其由高到低进行排序,再将各项需求的其他值与最高均值进行比较,与最高均值在 95% 置信水平下无显著性差异的即为较强需求;其次,在余下的需求类型中选出新的最高均值,与最高均值在 95% 的置信水平下无显著性差异的即为中强需求;最后,将其余需求项归为较弱需求。

(四) 政策供给与个体需求匹配模型

　　为了分析高校海归青年教师引进政策供给与个体需求之间的匹配关系,课题组在研究中构建了政策供给与个体需求匹配四象限模型(见图 3 - 1)。

　　本研究假定人才引进政策供给与个体需求之间的匹配状况存在四种状态。政策供给与个体需求的强度均为较强/中强且相互匹配的情况为 I 类匹配关系,称之为强—强匹配关系;政策供给和个体

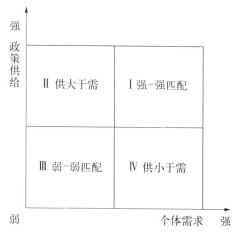

图 3 - 1　政策供给与个体需求匹配模型

　　① 孔祥智,徐珍源.农业社会化服务供求研究——基于供给主体与需求强度的农户数据分析[J].广西社会科学,2010(03): 120 - 125.

　　② 郭竞成.农村居家养老服务的需求强度与需求弹性——基于浙江农村老年人问卷调查的研究[J].社会保障研究,2012(01): 47 - 57.

需求强度为较弱且相互匹配的情况为Ⅲ类匹配关系,称之为弱—弱匹配关系;政策供给强度大于个体需求的情况为Ⅱ类匹配关系,称之为供大于需匹配关系;政策供给强度小于个体需求的匹配关系为Ⅳ类匹配关系,称之为供小于需匹配关系。本研究将基于四象限匹配模型对在沪高校海外人才引进政策供给与个体需求的匹配状况进行分析。

三、高校层面海归人才引进政策的匹配与错配

(一)人才引进政策供给内容与强度

根据对15所在沪高校的27份政策文本进行内容分析,各校均在海外人才引进中制定了具体的政策,包括明确的招聘要求和系列的配套支持政策(见表3-1)。

表3-1　海归青年教师引进政策供给内容与强度

政策供给强度	政策供给内容	讲师/助理教授/特聘副研究员	副教授/副研究员/特别研究员	教授/研究员/特聘教授	频率	位置
较强	薪酬津贴	10万—20万	15万—40万	15万—50万	1	1—4
	住房	0—30万	0—50万	0—100万	0.8	1—5
	科研启动经费	0—50万	0—200万	0—500万	0.7	2—6
中强	研究与办公条件	无	部分有	部分有	0.4	3—7
	科研团队建设	无	部分有	部分有	0.3	4—6
	职称	部分有	部分有	部分有	0.3	1—6
	研究生招生资格	无	部分有	部分有	0.3	2—7
较弱	福利与保险	部分有	部分有	部分有	0.2	2—7
	子女入学	部分有	部分有	部分有	0.2	5—10

续　表

政策供给强度	政策供给内容	讲师/助理教授/特聘副研究员	副教授/副研究员/特别研究员	教授/研究员/特聘教授	频率	位置
较弱	科研项目申请支持	部分有	部分有	部分有	0.1	3—8
	户口	部分有	部分有	部分有	0.1	6—8
	国内外访学机会	部分有	部分有	部分有	0.1	3—4
	人才计划申请支持	部分有	部分有	部分有	0.1	3—6
	产学研践习机会	部分有	部分有	部分有	0.1	4
	编制	部分有	部分有	部分有	0.1	1
	国家与地方补助	部分有	部分有	部分有	0.1	4
	配偶安置	无	无	部分有	0.04	9
	学术休假	部分有	部分有	部分有	0.04	5

注：1. "频率"＝某政策要点出现次数/27（政策文本总份数）；"位置"表示在政策文本中，某政策要点出现的先后顺序区间。2. 薪酬津贴、住房、科研启动经费的货币单位均为人民币。3.数据来源于样本学校官方网站的政策文本。

各校的海外人才引进政策一般包括薪酬津贴、住房、科研启动经费、科研团队建设、研究生招生资格、研究条件、配偶与子女安置等方面内容，也有部分学校承诺提供产学研践习机会和国内外访学机会，帮助解决户口和编制等。另外，在沪高校提供政策的内容均与招聘岗位的职称等级有关，岗位职称等级越高，政策供给标准也越高。

依据政策供给强度划分方法，在沪高校海归青年教师引进政策供给内容与强度如表3-1所示。属于较强供给的政策要点包括薪酬津贴、住房、科研启动经费。它们在27份政策文本中出现的频率高，且位置靠前。属于中等强度供给的政策要点包括研究与办公条件、科研团队建设、职称、研究生招生资格。属于较弱供给的政策要点包括福利与保险、子女入学、科研项目申请支持、户口、国内外访学机会、人才计划申请支持、产学研践习机会、人事编制、国家与地方补助、配偶安置、学术休假等 11 项。它们在 27 份政策文本中出现频率较低,位置靠后。

(二) 海外归国人才个体需求类型与强度

本研究将海外拟归国青年人才个体需求调查问卷中列举的 26 项需求按照得分均值从高到低进行排列,均值越高说明需求越强烈。在 20 项能够通过政策供给满足的个体需求中,均值最高的是薪酬津贴,其次是科研合作氛围、工作自主性,均值都在 8.6 分以上。强度排序靠前的个体需求中,与科研相关的占了较大比重,如科研合作氛围、科研项目申请制度、科研启动经费、教学与科研设施等均位列前十。强度排序靠后的个体需求是与家庭相关的,包括子女就学、配偶工作的政策安排,均值在 7.6 分以下,与最强需求(薪酬津贴)的均值分别相差 1.16 分、1.85 分,在 95% 的置信水平下均存在显著性差异。根据个体需求强度划分方法,将 20 项能够通过政策供给满足的需求分别归入较强、中强和较弱三个等级,如表 3-2 所示。

表 3-2　海外拟归国青年人才个体需求类型与强度

需求强度	需求类型	得分均值	排序
较强	薪酬津贴	8.67	1
	科研合作氛围	8.63	2
	工作的自主性	8.62	3
	申请科研项目支持	8.59	4
	科研启动经费	8.57	5
中强	政府/学校的人才计划支持	8.46	7
	学校/学院的晋升与考核机制	8.43	9

续　表

需求强度	需求类型	得分均值	排序
中强	学校/学院的教学和科研设施	8.39	10
	学校/学院的国际学术交流机会	8.35	12
	个人可自由支配的时间	8.35	13
	研究方向与学校/学院的匹配程度	8.33	14
	学校的住房政策	8.26	15
较弱	工作稳定性	8.11	18
	招收研究生政策	8.01	19
	学校关于户籍的政策	7.94	20
	学校/学院的人际关系	7.91	21
	学校/学院对知识产权商业化的支持	7.73	22
	学校/学院的培训机会	7.67	23
	学校关于子女就学的政策	7.51	24
	学校关于配偶工作的政策	6.82	26

注：本表仅列出了可能通过政策供给满足的 20 项个体需求，按照得分均值由高到低排列；数据来源于网络问卷调查结果。

较强需求有 5 项，均值都在 8.5 分以上，包括薪酬津贴、科研合作氛围、工作自主性、申请科研项目支持、科研启动经费；中等强度需求有 7 项，均值在 8.2—8.5 分之间，包括是否有人才计划支持、晋升与考核机制、教学与科研设施、国际学术交流机会、个人可自由支配时间、研究方向匹配程度、学校住房政策；较弱需求有 8 项，均值都在 8.2 分以下，包括工作稳定性、研究生招生政策、落户政策等。

学校所在城市的自然环境、公共服务水平、经济发展水平、是否方便照顾父母、学校声誉以及学科/平台声誉等6项无法直接通过政策供给满足的需求，得分均值分别排在第6、8、11、16、17、25位。由于学校无法改变或短期内无法改变这6个方面的状况，所以未将其纳入政策供给分析范围。但部分因素（如学校声誉、学科/平台声誉）对个人求职发挥着重要影响，对学校的政策供给具有替代作用。

(三) 政策供给与个体需求的匹配状况

基于政策供给内容与强度的划分以及个体需求类型与强度的划分，结合对海外拟归国青年人才和在沪高校部分人事管理者的访谈，按照政策供给与个体需求匹配四象限模型，获得了在沪高校海归青年教师引进政策供给与个体需求的匹配状况，如图3-2所示。从中可以直观地看到，政策供给与个体需求既有完全一致、相匹配的方面，也有存在偏差的内容。

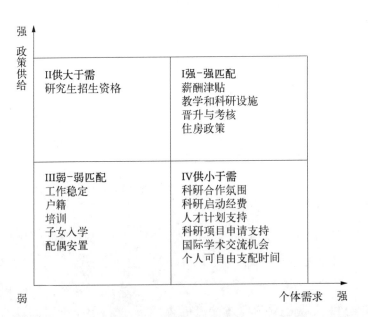

图3-2　在沪高校海归青年教师引进政策供给与个体需求的匹配状况

注：工作自主性、研究方向匹配、学校/学院人际关系、知识产权的商业化等个体需求，在政策供给中无对应内容；福利与保险、政府与学校补贴等政策供给内容，在个体需求方面涵盖于薪酬津贴中。

供需一致的方面,薪酬津贴、教学和科研设施、晋升与考核、住房等的政策供给和个体需求,在内容和强度方面均相互匹配,为强—强匹配关系(Ⅰ类)。强—强匹配关系的 4 项内容,可以认为是目前高校在引进海外青年教师时着力最大,着重体现校际差异的方面,也是拟归国青年人才预期争取到更高支持的政策要点。工作稳定、户籍、培训、子女入学、配偶安置等 5 项内容的政策供给与个体需求相互为弱—弱匹配关系(Ⅲ类)。这些内容校际之间差异小,确定性高,"议价"空间窄,属于学校和个人之间不谈也有,谈也基本不会改变的内容。因此,也可以说这些个体需求不仅为实际需要,更是对政策的诉求。

在供求存在偏差的方面,供小于需的政策要点较多,供大于需的政策要点少。其中研究生招生资格或硕、博士生招生指标,从政策供给角度看是一项重要的稀缺资源,但从海外拟归国青年人才需求的角度看,可能由于专业背景多样,其组建科研团队的需求不高、迫切性不强,故这项内容表现为政策供给大于个体需求的匹配状况(Ⅱ类)。政策供给小于个体需求(Ⅳ类)的 6 项内容,有些是学校提供的条件低于个体需求,如科研启动经费的额度;有些是学校无法给出确定性政策承诺,比如人才计划和科研项目申报等;有些是学校可以明确表达但被忽略的软环境供给,如工作方式、合作机会和国际学术交流等。供求偏差的极端表现是有需求无供给。海外拟归国青年人才对工作自主性、个人研究方向与就职学校相关专业方向的匹配程度、学校/学院人际关系、知识产权的商业化支持政策等比较关注,但这些在现有政策供给中均未涉及。

四、高校层面海归人才引进政策的改进

从政策供给与海外拟归国人才个体需求匹配的角度研究高校海归青年教师引进政策的现状和局限,是一项难度较大的探索性工作,扎实的数据资料收集与分析是研究的基础。本研究基于对 15 所在沪高校政策文本的内容分析和对部分管理者的访谈,全面梳理了高校引进人才政策供给内容,同时,借助我国驻外使领馆教育处等多个渠道,对海外拟归国青

年人才回国到高校任职的意愿和个体需求进行了问卷调查。在此基础上，本研究在以下三个方面取得了进展。

（一）开辟了分析海归人才引进政策有效性的新视角

本研究构建了高校海外青年教师引进政策供给与个体需求匹配四象限模型，提出高校海归青年教师引进政策供给与个体需求之间存在强—强、弱—弱、供大于需、供小于需等四种匹配状态。以在沪 15 所高校为样本，通过对引进人才政策供给与个体需求匹配的具体分析，本研究描绘了政策供给与个体需求在四个象限具体的分布情况，为检视引进人才政策的优势与不足提供了清晰图景。我们期待与学界同行一起，在更大范围的人才政策效果研究中进一步检验此分析模型的有效性。

（二）为"软"的政策供给与个体需求匹配研究提供了"硬"依据

在梳理引进人才政策供给和个体需求的基础上，本研究尝试对各项政策供给和个体需求的强度进行定量赋值和排序。在个体需求强度划分方面，主要依据单个调查对象的打分以及全部调查对象对特定需求打分的均值。对政策供给强度的划分，既以政策要点的出现频率为主要衡量依据，又将文本写作顺序作为强度划分的依据之一，不仅关注话语内容本身，也关注话语结构和发生顺序。据此对政策供给与个体需求强度进行赋值、排序和划分等级是一个有益的尝试。但引进人才政策供给强度与个体需求强度的划分是否科学合理，值得继续探索。

（三）提出了改进高校海归青年教师引进政策的针对性举措

在沪高校海归青年教师引进政策与个体需求之间既有一致的方面，也存在较多偏差，需要采取针对性改进举措。从提升海外青年人才引进效果来看，高校引进人才政策供给需要从重视薪酬津贴、教学和科研设施、晋升与考核、住房等内容，从提供基本的子女入学、配偶安置、户籍、培训、稳定工作等保障支持，向一并重视软环境建设并加大软环境的宣传和推介转变。海外拟归国青年人才在科研合作氛围、国际学术交流机会、工作自主性、研究方向匹配程度、学校/学院人际关系等方面的诉求，是高校在引进人才过程中值得兼顾的。

　　学校所在城市的自然环境、公共服务水平、经济发展水平、地理位置是否方便照顾父母，以及学校声誉、学科/平台声誉等无法改变或短期不能改变的条件因素，其在海外青年教师引进中的作用和影响也值得继续深入研究。

第四章

高校预聘—长聘制度改革与海外人才引进

打破"铁饭碗"或"终身制"是 20 世纪 80 年代以来,我国高校教师聘任制度改革致力实现的目标。历经 30 余年,到 2010 年前后,已经基本实现教师全员合同聘任制,具备了"能进能出"的制度安排。2014 年底教育部发布《深化教育领域综合改革实施方案(2014—2018 年)》,先期综合改革试点高校将全面实施"预聘—长聘"制度(简称"长聘制")作为人事制度改革的重要内容。这是 2003 年北京大学等少数高校提出类似人事改革方案引起较大争议后,以深化教育综合改革的名义再度进入学界视野。[①]"长聘制"改革方案的核心是设计了"非升即走"和终身聘用的机制,这与美国大学的终身教职制度一脉相承,在早期的实践中,也是将海归人才作为试点,得到了一定程度的推广。随后其存在的问题也逐步显现,出现了一些争议。后续的改革和完善值得探讨,不仅涉及海外引进人才,也涉及高校整个师资队伍的聘用、晋升和使用。

一、高校人事聘用制改革研究简要历程

关于高校聘任制改革成效、困境及对策的研究。2003 年阎光才以北京大学人事制度改革引起的争议为引子,从学术劳动力市场的供求关系

---

①　清华北大综改方案获批两校均实施教师长聘制度[N]. 中国教育报,2014 - 12 - 16.

角度对改革的总体背景进行了细致的分析,从如何看待存量教师学术能力、工作动力、学术环境、物质保障四方面对需要什么样的改革进行了反思,并从维护教师尊严的角度提出基本的物质生活、研究条件和制度保障是改革的前提条件。① 刘献君指出,在实施高校教师聘任制的过程中应处理好若干关系:改革理念应与制度设计、实施相辅相成;聘任制具有学术和效率双重目标,但效率目标应为学术目标服务;学术职业要求在教师聘任中要形成甄选机制,以达到优化的目的;实施教师聘任制的过程中,要处理好应然和实然的关系,逐步从实然达到应然。② 2014 年,在教育综合改革试点推进之初,管培俊先生提出新时期高校人事制度改革单兵突进不行,应该与综合改革同步推进;应将学校宏观事业发展与教师个人发展内在统一,在"非升即走"同时要有动态稳定的机制;高校人事改革的广度、深度取决于国家宏观人事管理体制改革所能给予的空间。③ 李培利、刘凤良等人对如何完善长聘制的评价机制问题④,杨海怡对如何完善"非升即走"存在的问题及其举措等⑤进行了多角度的探讨。王敏、刘强、熊丙奇等人则分别结合清华大学、西北工业大学、上海交通大学等改革实践对"长聘制"的意义、成效或制度改进进行分析。⑥⑦⑧ 林小英、薛颖通过对5 所高校的教师在职称晋升时的行为策略分析发现,长聘制以利益为交换条件、以奖惩为刺激的激励不仅会侵蚀教师热爱学术的纯粹之心,也会破

① 阎光才. 对大学人事制度改革的反思[J]. 探索与争鸣,2003(10):1-4.

② 刘献君. 高校教师聘任制中的若干关系[J]. 高等教育研究,2008(03):33-38.

③ 管培俊. 关于新时期高校人事制度改革的思考[J]. 教育研究,2014,35(12):72-80.

④ 李培利,刘凤良,宋东霞. 高校教师长聘教职授予评价制度探析[J]. 中国人民大学教育学刊,2016(01):111-118.

⑤ 杨海怡. 高校"非升即走"人事制度改革探析[J]. 教育发展研究,2014,34(11):81-84.

⑥ 王敏. 清华大学物理系准长聘制十年实践的思考[J]. 清华大学教育研究,2014,35(04):101-106.

⑦ 刘强. 高校教师"准聘长聘制度"建设思考——以西北工业大学教师聘用制度改革为例[J]. 中国高校科技,2016(03):50-51.

⑧ 熊丙奇. "高校教师长聘"符合学术规律[N]. 中国教育报,2014-12-18(002).

坏良好的学术环境和学术文化；学校的宏观逻辑和教师的微观行动之间的错位是管理视角的审计文化和个体视角的学术文化之间的碰撞和较量，我们需要从学术文化的角度重新定义"大学品质""学术竞争力"等关键概念，以便彰显学术共同体的意义。[①]

关于高校教师聘任制改革的国际经验研究。"他山之石，可以攻玉"，对国外高校教师人事制度和聘任制改革的研究，可为我国高校教师聘任制改革提供可资借鉴的经验。学者们从聘任制度的历史演进与变革、聘任的程序与流程、教师遴选标准与考核评价以及与聘任制相关的薪酬福利制度等多个角度对国外高校教师聘任制度开展了研究。徐晓忠等人从高校聘任自主性、教师招聘公开性、聘任关系合同化、聘任形式灵活性和教师任职流动性五个方面总结了国外高校教师聘任的特点及差异。[②] 胡燕通过对美、日、德三国高校教师聘任制度的比较分析，阐明了高校教师聘任制不存在一个标准的模式，倡导并保证学术自由、吸引并留住优秀人才是高校聘任制度改革的核心，适度的流动性是高校聘任制改革的关键，分类管理、分类考核能有效地提高聘任制度的弹性与效率。[③] 陈永明从教师地位、任用制度、工资薪金、工作条件等方面比较了主要发达国家的高校教师聘任制，在总结其成功经验的同时，也指出应吸取其改革过程中的教训，如要重视大学教师的特殊性，应渐进地推进改革，避免短期性业绩主义的弊害等。[④] 阎光才将世界主要国家传统的学术聘任制度分为英联邦模式、德国模式、法国模式、美国模式和具有特色的日本模式，基于个人与组织风险的视角分析发现，无论是在哪种模式的国家，其高校教师聘任制改革都与美国情形相仿，学术职业选择以及生涯发展所承受的个人风险都不同程度地有所增加。[⑤] 张俊超分析了日本国立大学法人化及教师

① 林小英,薛颖.大学人事制度改革的宏观逻辑和教师学术工作的微观行动：审计文化与学术文化的较量[J].华东师范大学学报(教育科学版),2020,38(04)：40-61.

② 徐晓忠,徐小军,傅锦彬,杨潮.国外高校教师聘任制的特点及启示[J].中国高教研究,2004(07)：61-63.

③ 胡燕.高校教师聘用制度的国际比较[D].华南师范大学,2003.

④ 陈永明.大学教师聘任的国际比较[J].比较教育研究,2007(02)：37-41.

⑤ 阎光才.学术聘任制度及其政策风险[J].高等教育研究,2016,37(05)：21-29.

任期制改革趋势与特点,并从中得出了一些启示:聘任制改革必须尊重社会的历史文化传统,政府应在改革中要扮演适当的角色,通过改革制定新的法律与规则等。[1] 彭湃分析了德国高校引入初级教授职位进行教师聘任制改革的背景、原因和目标,对我国聘任制改革具有一定借鉴意义。[2]

美国高校的终身制是世界各国高校教师聘任制改革仿照的范本,也是我国高校"预聘—长聘制度"改革的主要参照。周作宇追溯了终身教授制出台时美国教授协会将学术自由的理念与终身教授制联系起来的历史,并在介绍美国当前围绕终身教授制展开论战的基础上,讨论了终身教授制对我国高校人事制度改革的启示,指出高校人事制度改革必须考虑大学组织的特殊性。[3] 杨丽丽选取了哈佛大学、耶鲁大学等十所美国著名大学,从教师职务职位划分及其岗位职责、职位空缺和公开招聘程序、薪酬待遇、晋升标准与程序等方面系统地分析了美国高校的教师聘任制度。[4] 蒋凯基于美国八所高校的案例,分析了终身教职的价值与影响因素,建议我国高校的长聘制改革应该避免对终身聘任教师激励不足以及改革方案重科研轻教学、重成果数量的倾向。[5] 刘虹通过对加州大学教师长聘制基本要素和内在机理的考察,建议我国高校教师长聘制的核心理念应由筛选淘汰转为保障教师权益,应制定更加科学合理的教师业绩评价标准,完善长聘教职评审流程以提高评审公正性。[6] 此外,还有学者对

①　张俊超.从教授会自治到大学法人化——日本大学教师聘任制的改革趋势及启示[J].高等教育研究,2009,30(02):99-104.

②　彭湃.德国大学教师聘任制改革及其启示——以初级教授职位的引入为例[J].外国教育研究,2015,42(02):32-45.

③　周作宇.美国终身教授制的变迁与启示[J].高等教育研究,2001(03):106-109.

④　杨丽丽.美国著名大学教师聘任制研究[D].华中科技大学,2006.

⑤　蒋凯.终身教职的价值与影响因素——基于美国八所高校的经验研究[J].教育研究,2016,37(03):132-140,154.

⑥　刘虹.美国高校教师长聘制的基本要素、内在机理及启示——基于加州大学的分析[J].高校教育管理,2020,14(06):86-95.

美国高校终身制的争议①,终身职后评审开展了专门研究②③。

自高校聘任制改革以来,关于聘任合同法律属性、高校与教师法律关系、高校与教师的人事争议解决途径和教师权益法律保障等问题一直被学者所关注和讨论。学者们讨论的核心议题是聘任制改革下公立高校与教师的法律关系,二者的法律关系也进一步决定了人事争议、教师权益维护的法律适用。在聘任制改革之前,教师的身份是国家干部,高校作为教育行政机关的附属机构,是政府的延伸,具体进行教师的管理工作。二者之间构成一种行政隶属关系。④ 但随着我国政府的权力下放和事业单位的聘任制改革。高校与教师之间的关系由身份管理下的行政关系逐渐向平等的以契约为中介的劳动关系转变。⑤ 但这种转变并不彻底,因此在改革进程中高校与教师之间存在着事实上的双重法律关系——行政法律关系和劳动法律关系。⑥ 现行法律对二者的法律关系尚未明确,学界对此展开了广泛的讨论,早期的学者主要集中于两种观点:一是认为高校与教师的法律关系是行政法律关系,聘任合同属于行政合同,教师属于公务雇员⑦(也有学者称之为"国家公务的专业人员"⑧或"公务劳动者"⑨);二是认为高校与教师的法律关系是民事上的劳动法律关系,聘任合同属于劳动合同,教师在本质上与普通劳动者无异。⑩⑪ 随着聘任制改革的深入,

① 王保星,张斌贤."大学教师终身教职"的存废之争——美国大学教师学术自由权利保障的制度分析[J].教育研究,2004(09):77-84.

② 屈琼斐.美国大学终身聘任后评审制[J].比较教育研究,2006(02):52-56.

③ 王丽萍.美国教授终身聘任后评审研究[D].南京师范大学,2006.

④ 申素平.论我国公立高等学校与教师的法律关系[J].高等教育研究,2003(01):67-71.

⑤ 周光礼,彭静雯.从身份授予到契约管理——我国公立高校教师劳动制度变迁的法律透视[J].高等教育研究,2007(10):37-42.

⑥ 祁占勇.高校教师聘任合同法律性质的论争及其现实路径[J].高教探索,2009(03):14-17.

⑦ 龚钰淋.行政法视野下的公立高校教师法律地位研究[D].中国政法大学,2011.

⑧ 王鹏炜.我国公立高等学校教师聘任制的法理学分析[D].陕西师范大学,2004.

⑨ 李文江.高校教师聘任制之法律研究[J].高等教育研究,2006(04):49-54.

⑩ 吴开华,覃伟桥.论教师聘任制的法律性质[J].教育评论,2002(05):45-47.

⑪ 陈鹏.高校教师聘任制的法律透视[J].中国高教研究,2005(01):61-63.

学界又生发了第三种修正的观点,可称之为高校与教师之间的"新型"或"特殊"法律关系。如龚钰淋认为教师与学校之间建立的聘用关系是一种以基于聘任关系的柔性行政行为为特征的新型行政法律关系,是建立在平等基础上的公法契约关系。[①] 刁慧娜、徐雷等人则认为高校教师聘任合同应该属于一种特殊的劳动合同,其特殊性在于高校教师聘任合同在诸多方面带有计划经济时代的遗留痕迹[②],教师因自身固有的公共性和学术性有别于普通劳动者[③]。2018 年发布的《中共中央国务院关于全面深化新时代教师队伍建设改革的意见》率先明确了公办中小学教师"作为国家公职人员"的特殊法律地位,但未明确公立高校教师的法律地位。因此,有学者认为"国家公职人员"的特殊法律定位同样可以适用于高校教师,这一定位能够彰显高校教师自身公私兼备属性的法理事实。[④]

在高校与教师的法律关系尚未得到确认的情况下,保障高校教师在聘任过程中的权益显得尤为重要。大多数学者都认为要建立多渠道的救济途径,既要完善教师行政救济制度,又要完善立法,建立顺畅的司法救济渠道。同时,完善社会保障制度也是保障教师权益的重要举措。

这些不同时间点的研究,从宏观制度约束、高校内部治理配套改革、国际借鉴意义与方案改进等对聘任制改革进行了多角度分析,具有重要的参考价值。

预聘—长聘制度在美国高校中广泛使用,但中美之间高等教育发展的制度环境迥异,从致力于打破"铁饭碗"到重建"终身制",我国研究型大学教师聘用制度改革走过的这条路,显然不是简单重复,但改革逻辑及其目标能否实现值得商榷。

立足我国研究型大学教师聘用改革 40 余年来的进展,拷问"长聘制"

---

① 龚钰淋.行政法视野下的公立高校教师法律地位研究[D].中国政法大学,2011.

② 刁慧娜.高校教师劳动合同法律适用问题研究[D].吉林大学,2011.

③ 徐雷,王颖.公立高校教师法律地位的发展走向:公私法益交融下的特殊劳动者[J].湖南师范大学教育科学学报,2019,18(02):56-63.

④ 刘旭东.国家特殊公职人员:高校教师法律地位的时代界定与法治意蕴[J].大学教育科学,2021(04):78-85.

改革的内在逻辑与目标指向之间的偏差,进而反思人才聘用改革包括海外引进人才的聘用、晋升等是后续无法回避的聚焦点。这方面的研究显然还不够,这也是课题组希望有所贡献和突破之处。

二、我国高校教师聘任制度改革历程与"长聘制"的提出

(一) 我国高校教师聘任改革打破"铁饭碗"的简要历程

改革开放以来,我国高校聘任制度走过了"职务任命制—职务聘用制—岗位聘任制"的演进历程。1978 年,我国恢复执行国务院 1960 年颁发的《关于高等学校教师职务名称及其确定与提升办法的暂行规定》,恢复教师职务任命制度。[①] 随着高校教师队伍的基本稳定,鉴于职务任命"一评定终身"的弊端,破除"终身制",实现按需设岗、竞聘上岗、择优聘任、聘约管理成为高校人事制度改革主要方向。

1985 年我国全面启动职称评定制度改革。1986 年,国务院发布《关于实行专业技术职务聘任制度的规定》,拉开了我国事业单位聘任制改革的序幕。此文件明确了专业技术职务的内涵,以及实行聘任制改革的原则性要求[②]。同年 3 月,原国家教育委员会依此颁布《高等学校教师职务试行条例》,在全国高校推行教师职务聘任制度。1993 年中共中央、国务院印发《中国教育改革和发展纲要》,明确提出要积极推进以人事制度和分配制度改革为重点的学校内部管理制度改革,对教职工试行岗位责任制和聘任制。

1999 年教育部颁发《关于当前深化高等学校人事分配制度改革的若干意见》,提出通过改革人事分配制度和理顺管理制度,强化岗位聘任制度的实施。2000 年《关于深化高等学校人事制度改革的实施意见》提出破除职务终身制和人才单位所有制,按照"按需设岗、公开招聘、平等竞争、

---

① 叶芬梅. 当代中国高校教师职称制度改革研究[M]. 北京:中国社会科学出版社,2009.

② 鲁文辉. 高校教师"准聘与长聘"职务聘任改革的制度逻辑反思[J]. 中国人民大学教育学刊,2021(03):104-115.

择优聘用、严格考核、合同管理"的原则,在高等学校工作人员中全面推行聘用(聘任)制度。2007 年教育部颁布《教育部直属高等学校岗位设置管理暂行办法》,研究型大学自主进行岗位聘用工作。2012 年教育部颁布《全面提高高等教育质量的若干意见》(高教三十条)指出,完善教师分类管理和分类评价办法,明确不同类型教师的岗位职责和任职条件,制定聘用、考核、晋升、奖惩办法,分类指导研究型大学岗位聘用。2008 年《劳动合同法》、2014 年国务院《事业单位人事管理条例》分别出台并生效,为高校岗位聘任制度提供更为具体的法律依据与实施规范①。

(二) 研究型大学教师"长聘制"改革的提出与政策要点

高校教师聘任制改革过程中,部分研究型大学对"长聘制"开展了先期探索。2003 年,北京大学发布了《北京大学教师聘任和职务晋升制度改革方案(征求意见稿)》,提出实施以"非升即走""终身教职"为核心的教师聘任制。清华大学部分院系实施了"准长聘制"改革试点。"长聘制"的雏形基本形成。这一时期,各高校对"终身教职"理解各异,实施方案不尽相同。2014 年底,《深化教育领域综合改革实施方案(2014—2018 年)》颁布,以北京大学、清华大学、上海市为试点的"两校一市"综合改革率先启动。以建设世界一流师资队伍为目标,以"长聘制"改革为主要内容的人事制度改革成为综合改革的内容之一。研究型大学师资队伍聘用改革进入了一个新的阶段。2018 年中共中央、国务院下发的《关于全面深化新时代教师队伍建设改革的意见》中,进一步明确了高校"准聘与长聘相结合"的人事制度改革方向。

研究型大学"长聘制"改革将教师聘用分为"预聘"和"长聘"两个阶段,其基本做法可以分为针对新进人员和原有师资队伍两类。"预聘"一般为两个聘期,共 6 年左右,聘期结束,考核通过,则进入"长聘"轨道,获得"长聘"副教授或教授职位,学校无特殊理由不得解聘。"预聘"阶段结

---

① 阎光才. 高校教师聘任制度改革的轨迹、问题与未来去向[J]. 中国高教研究,2019(10):1-9,19.

束,未达到长聘副教授水平,则解聘,即所谓"非升即走"。新进人员按照"长聘制"标准从全球招聘,直接进入"长聘轨",以预聘或准聘形式聘用,两个聘期结束、考核合格转为"长聘"副教授(终身教职);如果两个聘期结束,考核不合格,则结束聘用合同,教师需要另谋出路。现有教师中达到"长聘制"标准的,根据其所在岗位性质,可以申请转入"长聘"体系。实施"长聘制"改革后,高校师资队伍的职业通道,在讲师(助理研究员)、副教授(副研究员)、教授(研究员)之外,增加了一条"长聘轨"助理教授、"长聘"副教授、"长聘"教授的通道。

在薪酬、遴选标准和考核问题上,"长聘制"也有具体的规定。首先,进入"长聘制"的教师收入采用年薪制,薪酬标准比原有体系对应岗位教师有大幅度提升;其次,"长聘制"体系设计了更高的遴选标准和岗位职责。新进人员需要按照"长聘制"助理教授标准遴选引进,学校现有常规体系的讲师、副教授、教授需要在任职一定年限基础上,按照"长聘"体系对应职级的遴选标准重新申请评聘转轨。"长聘制"改革设计者的理想目标是学校新进人员全部以"长聘制"助理教授的通道招聘,学校存量师资队伍中的讲师、副教授、教授重新按照"长聘"副教授和教授岗位任职标准逐渐申请并轨,达不到"长聘"体系遴选标准的,在原岗位不动、选择转其他非教学科研岗位或离校。

三、聘用制改革从打破"铁饭碗"到重建"终身制"的悖论

(一)"长聘制"改革目标与"终身聘用"制度设计初衷的偏离

众所周知,我国研究型大学启动的教师"长聘制"改革设计是美国大学终身教职制度的一个中国式翻版。美国大学终身教职制度形成至今已有超过100年历史。20世纪初,哈佛大学和密歇根大学首次设立了大学教师职称等级制度,并一直为美国大学和世界其他国家的大学沿用至今[①]。随着大学教师的专业化和职业化,为保障教师言论自由和职业安

---

① 田宇.美国研究型大学教师聘任制度研究[D].吉林大学,2014.

全,以终身教职制度为核心的美国现代大学教师聘任制度诞生。1915 年
1 月,美国大学教授协会(American Association of University Professors,
AAUP)成立并发表了《关于学术自由和终身教职的原则宣言》,强调保障
教师的言论自由及维护教师的职业理想,明确提出了终身教职制度。[①] 如
果大学教授、副教授以及讲师以上职称的专业技术人员,其任职时间超过
十年,可以改为终身聘用[②]。1940 年,AAUP 对终身教职制度进行了修
订,将终身教职的试用期限由原来的 10 年减少到 7 年,对教师的解聘程
序进一步规范。从制度设计的初衷可以看到,美国大学终身教职制的出
发点是保障学术自由,赋予教师职业安全感[③],同时也具有守护教师"潜心
研究"的客观效果。

从我国研究型大学开展"长聘制"改革试点的方案看,其目标和举措
可以概括为高校通过预聘或准聘方式和高标准的考核指标,从校外甄别、
遴选一批高水平教师;通过转岗或解聘等方式消化一批不再适合学校发
展要求的教师;通过给予"终身"聘用合同保障和更高的薪酬水平,留住一
批高水平教师;通过"长聘体系""常规体系"两个轨道的身份差异、相应薪
酬待遇的差别,以及设置更高标准的转岗要求,鞭策学校里已经获得副教
授、教授职称的"常规体系"的一大批教师进入新的聘用轨道,焕发更大的
工作动力。

显然,研究型大学启动的"长聘制"改革试点,实质上是在追逐世界一
流大学建设目标过程中,在大学排名压力下,以追求科研产出"GDP 增长"
为直接诉求,给全体教师引入的一种新的动力机制。这一动力机制设计
不仅偏离了"终身聘用"制度的初衷,与当前我国高校亟待突破的催生重
大原始创新和保障人才培养中心地位亦有偏差,并有可能加剧新一轮的
科研浮躁。同时,"终身聘用"设计也无法回避受聘教师完成岗位切换、顺

---

① AAUP. The 1940 Statement of Principles on Academic Freedom and Tenure[EB/
OL]. http://www. aaup. org/state-ments/Redbook/1940stat. htm.

② 陈学飞. 高等教育思想研究[M]. 上海:上海教育出版社,1998:94.

③ 李辉. 废除还是完善——从明大之争看美国教授终身制的历史使命[J]. 西安外国
语学院学报,2000(02):109 - 112.

利晋升终身教职后,敬业精神和创新热情的消退,这与高校现有职称体系下,教师晋升教授后创新动力有所懈怠类似。另外,随着"长聘制"教授和副教授岗位数量的逐渐饱和,优秀青年教师晋升长聘教职越发困难,师资队伍活力将因此受限。

有学者认为高校教师的持续动力需要依靠其他产生激励与动力的机制,比如社会压力、同行竞争或者理想、使命和责任等。[①] 因为"终身聘用"的初衷并不在于激励,以"长聘制"来激发教师的工作效率,仍然是短期的权宜之计。

(二)"长聘制"改革无法突破现有教师聘任制度执行中的困境

"长聘制"改革意图实现的目标,也是研究型大学现有教师聘用制度致力实现的目标。建立一支高水平师资队伍,激发教师的活力和动力,是我国研究型大学教师聘用改革长期以来努力的方向。打破"铁饭碗",实现教师"能进能出",持续推进评价机制改革,不断提高薪酬待遇是教师聘任改革持续发力的举措。

对比"长聘轨"和现有教师聘用制度可以发现:① 现有教师聘任制度的"能进能出"机制与"长聘制"的"非升即走"机制是一致的;② "长聘制"方案中的"终身聘用"机制,在现有教师聘用制度中也有对应的无期限合同、终身教授等措施覆盖;③ "长聘轨"提出的相对较高的聘任标准和考核指标,则是适应研究型大学当前发展阶段的一个技术上的要求。研究型大学现有聘任制度的晋升考核标准也始终随着年代推移,每次修订都在不断提高;④ "长聘轨"教师的相对高薪是改革方案的重要内容,但现有教师聘任制度下一些学校通过设置特聘教授、讲座(讲席)教授、特别研究员等多种方式,也可以给予一部分教师以相对高薪。因此,薪酬标准高低并不是"长聘制"的内在规定性。教师的薪酬受职称、所属学科、工作年限、岗位性质、年度工作考核等因素共同影响。不同学校、同一学校的不同院

---

① 徐雷,王颖.公立高校教师法律地位的发展走向:公私法益交融下的特殊劳动者[J].湖南师范大学教育科学学报,2019,18(02):56-63.

系也存在差异。

为了实施人才强校战略，我国部分研究型大学以接近欧美等发达国家高校的教师薪酬标准，引进了一批海外高层次人才，与高校原有教师队伍形成了同岗不同薪的现实状况，引起了较大的争议。"长聘制"通过提供校内人员转轨"长聘"的方式，为弥合校外引进人员和校内现有人员的薪酬争议提供一个机制。

从上述对比分析可以进一步发现，"长聘制"改革意图实现的目标，不仅是研究型大学现有教师聘用制度致力实现的目标，同时也是现有教师聘任制度可以实现的目标。在当前的综合改革中，希望通过"长聘制"，另起炉灶，寻求对现有教师聘任制度的突破，实际上也是在回避制度设计与制度执行的困境。现有教师聘任制度中教师晋升高一级职称，采用有限次申报，当次申报不通过，隔年才能申报的机制，可以很好地实现"非升即走"的目标。但在实际执行中，想留的人不一定留得住，想解聘的人也不一定推得走，困境在于执行难。

（三）"长聘制"改革无法回避"终身教职制度"的固有缺陷

美国大学的终身教职制度在实施中也遇到诸多挑战。国内外学者开展过系统深入研究。詹姆斯·杜德斯达（James J. Duderstadt）认为"一个迅速发展的世界已经要求大多数社会机构进行深入持续的变革。终身教职不再被看作是对学术自由的保护，而是庇护教师逃避责任和变革的额外收益。甚至终身教职制度被认为是阻碍了高等教育的改革。"[①]理查德·夏泰（Richard P. Chait）认为学术自由与终身教职制度并无必然联系，终身教职制度并不是保障学术自由的唯一办法；终身教职的存在已经在专业领域里造成（至少是加强）了学术阶层的产生，以及资深教授拥有某些影响力或滥用权威等情况[②]。史蒂文·波士坎泽尔（Steven G.

---

① 詹姆斯·杜德斯达. 21 世纪的大学［M］. 刘彤等译. 北京：北京大学出版社，2005：32.

② 杨毅. 新中国高校教师聘任制度变迁研究［D］. 西南大学，2013：24-61.

Poskanzer)总结了终身教职制的诸多弊端,包括为大学或学院带来了固定的财政负担,使其不能满足不断变化的教学和智力需要,如限制了大学招聘和培养青年教师的能力;鼓励和保护了平庸和缺乏激情的教师行为,削弱了大学或学院淘汰那些不能胜任的教师的能力;由于过度认可和奖励科研优异,降低了教学尤其是本科教学的重要性和质量;迫使大学或学院过早和过快地判断一名年轻教师的工作质量和学术前景等①。

面对终身教职制度的质疑声浪,1999 年美国大学教授协会发表了题为《终身教职后评估:美国大学教授协会的回答》(*Post-Tenure Review: An AAUP Response*)的报告,要求终身教职定期(每 5 年或 6 年)接受一次综合性评估,被多数美国大学接受和实施。进入新世纪,终身教职后评估制度在美国 50 个州得到普遍实施。② 但是,美国学者凯瑞的研究表明,大多数行政管理者对终身教职后评估制度的实施效果都表现出与多数被评估教师一致的看法,即该制度实施效果不明显,评估不会改变教师的业绩和发展③。由于诸多质疑和现实的财政压力,终身教职制度在美国已经出现日渐式微的趋势,有些州甚至放弃了终身教职制度。④ 根据 2000 年美国教育统计,1975 年美国大学兼职教师的比例为 30%,1997 年增长到 43%。⑤ 1975 年,全职非终身教职的教师比例是 18.6%⑥,1997 年这一比

---

① 郄海霞.美国大学教授终身后评审制度的发展及启示[J]. 高教探索,2015(02):45 - 49, 60.

② 李阳琇.美国大学后终身制评估:30 年理论探索[J]. 江西师范大学学报(哲学社会科学版),2009,42(06):129 - 134.

③ O'Meara K A. Beliefs about post-tenure review: The influence of autonomy, collegiality, career stage, and institutional context[J]. The Journal of Higher Education, 2004,75(2):178 - 202.

④ 蒋凯.终身教职的价值与影响因素——基于美国八所高校的经验研究[J]. 教育研究,2016,37(03):132 - 140, 154.

⑤ Chait, Richard P. The Question of Tenure[M]. Harvard University Press, 2002:130.

⑥ Baldwin R G, Chronister J L. Teaching without tenure: Policies and practices for a new era[M]. Johns Hopkins University Press, 2715 North Charles Street, Baltimore, MD 21218 - 4363, 2001.

例达到30.3％。[1] 1975年到1997年，美国大学终身教职比例从57％下降到了39％。美国国家教育统计中心的最新数据显示，2020年美国大学全职教师的比例为56％[2]，实施终身制的高等教育机构所占比例为57.5％，其中终身制的全职教师的比例为47.8％。[3]

在美国逐渐式微的终身教职制度，在我国的土壤里如何革除其种种弊端、获得生机，在现有的改革方案中并没有很好的体现。期待终身教职后评估机制能够保障终身教职教师的活力和动力，从上文中美国大学的实践看，其有效性有限，同时其与我国研究型大学现行聘期考核也无根本区别。

四、对高校教师聘用改革的反思

在"铁饭碗"已经被打破的政策背景下，在终身教职制度弊端日趋明显的形势下，我国研究型大学启动"长聘制"改革，重建"终身制"，其逻辑如上所述存在明显的悖论。这透露出一批以建成世界一流大学为目标的研究型大学，在师资队伍建设上的困惑与迷失。反观我国教师聘用改革历程和当前的"长聘制"改革试点，核心问题始终是教师流动、教师评价和教师薪酬。聚焦核心问题，扎根我国高校人事制度的传统，才能走出一条符合我国研究型大学的实际的高水平人才队伍之路。

（一）尊重"老人"的历史贡献，变"发展包袱"为"中流砥柱"，化解研究型大学教师流动的症结

我国高校人事制度经过40余年的改革，一个不争的事实是，我国研

① Chait，Richard P. The Question of Tenure[M]. Harvard University Press，2002：130.

② Irwin V，De La Rosa J，Wang K，et al. Report on the Condition of Education 2022. NCES 2022 - 144[J]. National Center for Education Statistics，2022.

③ National Center for Education Statistics. Percentage of degree-granting postsecondary institutions with a tenure system and percentage of full-time faculty with tenure at these institutions，by control and level of institution and selected characteristics of faculty：Selected years，1993 - 94 through 2020 - 21[EB/OL]. https://nces. ed. gov/programs/digest/d21/tables/dt21_316. 80. asp? current＝yes.

究型大学教师流动已经成为普遍现象,一个学校、教师均能理性看待的正常现象。学校人才引进过程中,由于政策迭代过快,流传着"引进新女婿气走老女婿"的说法。教师流动在"引进人才"这一群体中,一直不是问题。

但是,研究型大学想留的人留不住,想排除在外的又推不走,也是普遍现象。一方面高水平人才待价而沽引起的学校间人才竞争日趋激烈,另一方面学校对现有队伍中科研产出表现不佳的教师深感无奈。这批教师加入学校工作时间较早,长期专注教学和人才培养,未能根据学校发展形势变化及时将工作重心从教学转到科研,未能及时赶上出国镀金的潮流或缺少国外知名大学博士学位,有些连博士学位也未拿到。这批"老人"在学校发展的特定阶段服从工作安排,为学校发展做出过历史贡献,对学校充满归属感。但在当前以追求世界一流为目标的一批研究型大学中,这批人在某种程度上正被学校视为"发展包袱"。研究型大学教师流动的症结恰恰是被视为发展包袱的这批"老人"。

这批"老人"长期扎根教学,为人才培养做出了应有贡献。可教学工作成果一直不是师资劳动力市场上待价而沽的筹码,以教学为主要岗位职责的教师,流不动是必然的。"长聘轨"改革无法将这批"老人"推出去。同时,人才培养始终是学校的中心,教学工作始终是学校的核心职责。"长聘制"改革试图让少量教学科研并重的"终身聘用"教授为主担负起核心教学任务,这也脱离了学校人才培养的实际情况。据统计,"985工程"重点建设高校中,92.3%的学校生师比超过14∶1,其中28.2%的学校甚至超过了18∶1。[①] 这也侧面反映了研究型大学教学任务的繁重程度,体现了这批扎根教学的"老人"对学校中心工作的重要程度无可取代。"长聘制"无法将"老人"推出学校去,却可能从身份、薪酬待遇等方面的差别化对待,将其在学校的角色边缘化。承担着大量教学任务的一批被学校边缘化的教师,其教学激情如何调动,教学效果如何提高,都存在较大的不确定。因此,换个视角,尊重"老人"的历史贡献,变"发展包袱"为"中流

---

① 刘孟玥. 我国"985工程"大学教师队伍建设问题研究[D]. 兰州大学,2014:23.

砥柱"也许才是正视研究型大学发展实际的教师聘用改革方向。

（二）深化考核评价改革，推动研究型大学教师多维发展

教育部在2016年8月颁布的《关于深化高校教师考核评价制度改革的指导意见》中提到，考核评价是高校教师选聘、任用、薪酬、奖惩等人事管理的基础和依据，具有全局性和基础性影响。从美国50个州的高校均采纳终身教职后评估制度也可以看出，合理的评价体系是教师聘任改革绕不过去的关键要素。在教师考核评价问题上没有突破，"长聘制"可能重走全员合同聘任制的老路。

推动教师分类发展是研究型大学的共识，而分类评价是实现分类发展的重要手段。在教师具体分类方面，目前专任教师一般分为教学为主型、教学科研并重型、科研为主型，另外还有管理人员、思政教师、实验技术人员、工程应用研究和成果转化人员、图书及出版人员等。分类发展的目标是要保障每一类人员都能找到施展才华的舞台和相应的认可，相应的评价机制则发挥着重要导向和保障作用。

"长聘制"改革聚焦的是研究型大学专任教师群体中的一部分教学科研并重型人员，通过设置预聘、长聘两个阶段的评价门槛，通过"非升即走""终身聘用"的机制，激发"教学科研并重型"中一部分教师的动力和活力。从"长聘制"评价指标和终身聘用的标准可以看到，其重点还是论文、项目、经费、获奖等指标，侧重科研、侧重数量，质量导向得到一定的强调，教学也有基本的底线要求，但这并未打破当前研究型大学教师评价的基本格局。

"长聘轨"以外的其他教师，其评价指标与"长聘制"基本一致，只是阈值高低有差异，因此，"长聘制"并未解决教师考核评价的主要问题。由于"长聘制"教师薪酬水平相对较高，事实上人为制造了新的学术阶层或学术等级。"长聘制"改革没有推动发展，反而制造了对立和冲突。坚持以人为本，以促进分类发展、人人成才为目标，确立不同类型岗位人员评价的质量和贡献导向，进一步加强分类评价指标体系的针对性，完善专任教师、管理人员、思政教师、专职科研人员、实验技术人员、工程应用研究和

成果转化人员、图书及出版人员的标志性工作成果的遴选,完善公开、公平、公正的评价机制。

(三) 逐步淡化研究型大学教师收入分配"双轨制",消除收入差距消极影响

薪酬是教师聘任改革涉及的核心内容之一。当前,研究型大学在收入分配政策上的自主权逐渐提高,校外引进的高层次人才或通过"长聘制"聘用的终身教职教师基本上是在现有的岗位绩效工资制度之外,逐渐引入协议年薪制。

事实上,研究型大学校内收入分配上已经形成了"双轨制",一部分教师实施相对较高的协议年薪制,大部分教师仍然是岗位绩效工资制度,教师间的收入差距逐渐拉开。根据张奇伟等人的研究,我国"211工程"重点建设高校中约有一半在试点不同模式的年薪制,实施年薪制的目的是吸引人才,对象以高层次人才和重要管理岗位人员为主,薪酬水平具有较强的竞争力。[①] 研究型大学全面推行"长聘制"改革,在"同台竞技,同轨运行"的理念下,引导校内现有部分教师转任"长聘轨",其目的之一也是实现收入分配方式的并轨,消弭前期校外引进高层次人才和校内已有高层次人才之间薪酬的现实差距,避免"引进女婿气走儿子"的情况。但是,按照"长聘轨"改革方案,终身教职教师占学校教师总数比例较小,大部分教师进入不了长聘轨。因此,校内教师收入分配上的"双轨制"将长期存在。所在岗位系列性质的差异而非工作实绩或贡献的差异,导致的收入差异将长期存在,教师群体阶层分化不可避免。

高校教师的工作既是知识密集型也是劳动密集型,内容具有个人专属性、时间相对弹性。自我约束和内在激励比外部监督在工作中发挥着更为重要的作用。这样的工作特点决定了体制内如果没有给予其较为体面的基本物质保障,固化在个体身上的知识及创新能力可能通过体制外

---

① 张奇伟,刘婉华,姜云君,刘平,林晓棠,杭祝洪.探索年薪制 推进高校收入分配机制改革[J].中国高等教育,2011(11):18-20,26.

获取回报。同时,体制内以岗位性质决定的收入等级划分,也可能造成一定程度上的工作消极情绪,产生负面影响。

从美国大学终身教职制度的实践看,终身雇佣并不一定匹配高薪。合同年限与薪酬高低没有必然联系。因此,割断"长聘制"与相对较高的年薪制之间的必然联系,让非长聘制教师也可以凭借努力工作和实际的贡献获得应得的收入报酬,才能最大程度地激发全体教师的活力和动力。

第五章

高校薪酬政策改革与海外人才引进的借鉴与反思

在高校海外人才引进过程中,薪酬制度和水平是重要的保障。但是在实践中出现的因人而异的薪酬安排以及一些不合理的薪酬结构,对学校人才队伍的引进、使用总体上也会产生一定的负面影响。因此,对薪酬制度的研究对高校海外人才引进意义重大。

一、薪酬体制对高校人才引进与发展的重要意义

(一) 问题的提出

薪酬体系对研究型大学的海外人才引进发展具有重要影响。高校薪酬体系的改革方向既需要与国际人才市场的供需标准相匹配,也需要与我国研究型大学自身的特点相结合。合理的教师薪酬体系一方面可以提高教师的工作满意度[1],另一方面可以提升研究型大学在学术劳动力市场中的竞争力。当然,过高的薪酬也意味着高等教育成本的增长。[2] 我国关于大学教师薪酬的研究已经相对比较丰富。学者们主要从薪酬制度建设、教师薪酬调查和国际经验借鉴三个方面开展研究。

---

[1] Smith M. Gender, pay and work satisfaction at a UK university[J]. Gender, Work & Organization, 2009, 16(5): 621-641.

[2] Walker J, Vignoles A, Collins M. Higher education academic salaries in the UK [J]. Oxford economic papers, 2010, 62(1): 12-35.

关于大学教师薪酬制度改革的困境及对策研究。早期的学者主要关注大学教师薪酬制度的设计。如骆品亮等人应用替代性多任务代理理论来探讨研究型大学的教师薪酬制度，尝试设计了以客观绩效评价为主，辅以主观评价的教师薪酬制度[①]，并进一步建议使用"科研积点制"和"教师科研信息档案"作为评价和考核教师的重要工具[②]。杨燕绥认为应当建立高校教师薪酬延期分配制度，即通过社会保险计划、员工福利计划和股期权计划等补偿教师的风险损失[③]。2006 年，多部委联合发布《高等学校贯彻〈事业单位工作人员收入分配制度改革方案〉的实施意见》，高校教师薪酬制度由此迈入了"绩效薪酬"时代[④]。绩效薪酬制度在增强高校工资分配的灵活性、发挥教师主动性和积极性等方面起到了重要作用[⑤]，但也存在激励机制的短期性、教师行为的功利化与团队精神缺失[⑥]、绩效分配不公平[⑦]、外部竞争力缺乏与内部激励性不足[⑧]等问题。有部分学者从岗位管理、薪酬结构调整、绩效考核方式和福利制度建设等多方面为薪酬制度的完善提供了建议。

关于大学教师薪酬的现状、差异及影响因素研究。高校薪酬调查课题组分别于 2011 年、2013 年开展了大规模的高校教师薪酬调查，2013 年

① 骆品亮,陈祥锋.研究型大学教师薪酬制度再设计研究[J].科研管理,2000(05)：10 - 15.

② 骆品亮,陆毅.我国研究型高校薪酬制度的研究[J].研究与发展管理,2004(02)：63 - 70.

③ 杨燕绥.应当建立高校教师薪酬延期分配制度[J].中国高等教育,2004(07)：16 - 17.

④ 仇勇,李宝元,董青.我国高校教师的薪酬制度改革研究——基于历史走势分析与国际经验借鉴[J].国家教育行政学院学报,2015(10)：84 - 90.

⑤ 胡晓东.我国高校教师绩效薪酬政策研究：逻辑演变、理论框架、未来发展[J].国家教育行政学院学报,2020(01)：89 - 95.

⑥ 王集权,焦伟.高校教师薪酬制度的现状及改革措施[J].江苏高教,2007(01)：126 - 127.

⑦ 袁本芳,何祥林.关于高校绩效工资分配公平性的思考——基于某地 5 所部属"211"高校校内津贴制度的比较分析[J].教育与经济,2011(02)：49 - 53.

⑧ 蔡蕾.高校薪酬制度改革的实践探索与路径选择[J].浙江社会科学,2020(05)：151 - 155, 161.

的调查数据显示：教师年均收入总体上呈现花瓶状分布,低收入人群相对集中,高收入人群相对分散;高层次人才(指"院士""海外高层次人才引进计划""长江学者""国家杰出青年科学基金获得者")的收入水平在高校明显处于领先地位,达到教师平均收入的 2.8 倍;高校青年教师低收入人群相对集中,高收入人群相对分散①。鲍威等人利用 2013 年政府公开的教育财政数据,从宏观和中观层面分析发现:2003 年以来高校教师薪资呈低增长趋势,区域间、院校间差异明显;教师薪酬受到区域学术劳动力市场的显著影响,在知识密集型行业未形成有效的外部竞争性;院校资源筹措机制是影响教师薪酬的重要因素②。沈红研究团队对我国 68 所高校3 612 名教师进行实证研究(2007 年的调查数据),发现影响高校教师薪酬差异的因素有:教育程度、留学经历、在职培训和教龄等,从人力资本的角度解释了我国高校教师薪酬差异的原因③,还进一步验证了我国高校教师劳动力市场在学科和职称两个方面存在着性别隔离现象④。沈红团队又于 2014 年对全国 13 个省份 88 所高校的 5 186 名教师进行了调查,结合2007 年调查数据分析发现:职称等级是导致收入差距的最重要因素,其次是工龄;人力资本特征仍然是影响教师收入分配的重要因素;院校特征对收入差距的贡献呈现上升趋势,而家庭特征的贡献则有所下降。⑤ 胡咏梅所在课题组于 2019—2020 年对 2 302 位本科高校专任教师进行了薪酬调查,分析发现:基础性绩效和年底奖励性绩效是造成工资差异的主要因素;有无人才称号、职称等级对教师月应发工资差异的影响最大;高校所

① 高校教师薪酬调查课题组,王希勤,刘婉华,郑承军. 高校教师收入调查分析与对策建议[J]. 中国高等教育,2014(10):27 - 29.

② 鲍威,吴红斌. 象牙塔里的薪资定价:中国高校教师薪资影响机制[J]. 北京大学教育评论,2016,14(02):113 - 132,191.

③ 沈红,熊俊峰. 高校教师薪酬差异的人力资本解释[J]. 高等教育研究,2013,34(09):23 - 31.

④ 沈红,熊俊峰. 职业性别隔离与高校教师收入的性别差异[J]. 高等教育研究,2014,35(03):25 - 33.

⑤ 余荔,沈红. 我国高校教师收入差距状况及其决定因素——基于 2007 年和 2014年调查数据的比较分析[J]. 高等教育研究,2017,38(10):30 - 38.

在地区和院校层次对教师工资差异的贡献率较大。① 此外,还有学者从教师主观感受的角度调查了其薪酬满意度及其影响因素。②③

　　关于大学薪酬制度的国际比较研究。学者张慧洁④、王利耀⑤、谢文新⑥、柯文进⑦、许典利⑧等在制度层面上比较研究了美国、英国、日本、德国、印度等国高校教师工资制度改革的情况。姜海珊⑨、仇勇⑩等还考察了香港公立高校的教师薪酬制度。赵丹龄等选择了北美、欧洲、亚洲十个在社会经济制度、教育体制等方面具有不同特点和代表性的国家(地区)进行高校教师薪酬制度的比较研究⑪。赖亚曼通过与美国中等收入家庭、中小学教师和同等学历领域的收入数据比较发现,美国高校教师薪酬具有很强的外部竞争性⑫。张天系统地研究了英国高校教师薪资水平现状,

---

①　胡咏梅,元静. 中国高校教师工资差距的实证研究[J]. 北京师范大学学报(社会科学版),2021(06):27-49.

②　吴绍琪,陈千,杨群华. 研究型大学教师薪酬满意度调研[J]. 科研管理,2005(05):152-156.

③　刘金伟,张荆,李君甫,赵卫华. 北京高校教师薪酬满意度及其影响因素分析——基于北京地区18所高校教师的抽样调查[J]. 复旦教育论坛,2012,10(01):71-77.

④　张慧洁. 从价值取向看美、英、日三国高校教师工资制度改革[J]. 教师教育研究,2009,21(04):76-80.

⑤　王利耀. 构建适合高校教师职业特点的薪酬制度研究[D]. 西安电子科技大学,2008.

⑥　谢文新,张婧. 中、美、德三国高校教师薪酬制度比较与思考[J]. 高教探索,2013(04):75-80.

⑦　柯文进,姜金秋. 世界一流大学的薪酬体系特征及启示——以美国5所一流大学为例[J]. 中国高教研究,2014(05):20-25.

⑧　许典利. 中国、美国以及德国三国大学教师薪酬制度比较[J]. 继续教育研究,2016(04):106-108.

⑨　姜海珊. 香港公立高校教师薪酬制度与激励机制及启示[J]. 高教探索,2012(03):57-61.

⑩　仇勇,李宝元,董青. 我国高校教师的薪酬制度改革研究——基于历史走势分析与国际经验借鉴[J]. 国家教育行政学院学报,2015(10):84-90.

⑪　赵丹龄,张岩峰,汪雯. 高校教师薪酬制度的国际比较研究[J]. 中国高教研究,2004(S1):33-41.

⑫　赖亚曼. 美国高校教师薪酬外部竞争力分析及启示[J]. 清华大学教育研究,2008,29(06):90-96.

认为当前英国高校教师收入水平不高、收入增速缓慢，学科间教师队伍发展不平衡、高级职称教师的国际化水平偏低以及流失严重，难以吸引及留住拔尖优秀人才①，但仍然未进一步做出不同学校、不同地区的差异比较。胡咏梅等人通过中加两国高校教师工资性年收入数据实证研究表明，与加拿大高校相比，我国高校不同职称教师的收入差距较大，而且高校教师收入与公务员收入和人均 GDP 的比值较低，行政兼职对于我国高校教师收入的贡献要高于加拿大②。基于国际比较分析，学者们从薪酬水平、薪酬结构、薪酬增长机制和福利保障制度等多方面为我国高校薪酬制度改革提供了国际借鉴经验。

国际上关于高校教师薪酬研究，主要围绕三个方面研究讨论，第一类文献，如巴博扎特和弗兰克等学者分析了学术薪资行业内的比较，不同性别、种族、年龄和学科领域的学术工资差异③④；第二类文献，麦特卡尔夫、米切尔和史蒂文斯等学者对不同国家的学术薪酬差异进行了探究⑤⑥⑦；第三类文献，斯蒂文和沃克等学者研究学术薪酬与其他类似职业的差异⑧。

---

① 张天. 英国高校教师收入问题：挑战与应对[J]. 世界教育信息，2010，24(12)：39 - 42.

② 胡咏梅，易慧霞，唐一鹏. 高校教师收入不平等——基于中国和加拿大高校教师工资性年收入的比较研究[J]. 中国高教研究，2016(11)：80 - 88.

③ Barbezat D A. Salary differentials by sex in the academic labor market[J]. The Journal of Human Resources，1987，22(3)：422 - 428.

④ Blackaby D，Booth A L，Frank J. Outside offers and the gender pay gap：Empirical evidence from the UK academic labour market[J]. The Economic Journal，2005，115(501)：F81 - F107.

⑤ Metcalf H，Rolfe H，Stevens P，et al. Recruitment and retention of academic staff in higher education[J]. National Institute of Economic and Social Research，2005：10 - 157.

⑥ Ong L L，Mitchell J D. Professors and hamburgers：an international comparison of real academic salaries[J]. Applied Economics，2000，32(7)：869 - 876.

⑦ Stevens P A. Academic Salaries in the UK and US[J]. National Institute Economic Review，2004，190：104 - 113.

⑧ Walker J，Vignoles A，Collins M. Higher education academic salaries in the UK[J]. Oxford economic papers，2010，62(1)：12 - 35.

斯蒂文教授比较了美国与英国的学术薪酬,解释了相对于英国,美国更加吸引学术人才的原因,英国学术薪酬无论在各个级别,普遍低于美国学术薪酬。此外,斯蒂文还对英国学术薪酬和类似职业,如研究生院的工作等,做了比较分析,发现学术薪酬并没有足够的吸引力,相对于非学术性的工资,学术毕业生的工资在开始阶段处于较低的水平,而且,可预测的终身收入也低于他们的非学术同行[①]。

(二) 英国高校的教师薪酬具有代表性

英国具有世界一流的高等教育系统。英国对教师薪酬实行改革的时间较早,20 世纪 80 年代以来,从"奖惩性教师评价制度"到"发展性教师评价制度"再到"绩效管理教师评价制度"进行了改革,教师薪资增长水平、津贴水平,以及晋级、降级和解聘等决定,均参考教师绩效评价作为评判依据[②],英国教师薪酬制度逐步转向市场机制[③]。以罗素集团成员校为代表的研究型大学群体享有世界声誉。实证研究英国研究型大学薪酬体系,探究其保持持续的人才吸引力和校际之间平衡发展的原因,对我国研究型大学教师薪酬改革具有重要借鉴意义。

目前对英国大学教师薪酬体系的研究主要围绕三个方面:一是教师薪酬的性别、种族、年龄和学科间的差异[④][⑤][⑥];二是英国教师薪酬与其他

①　Stevens P A. Academic Salaries in the UK and US[J]. National Institute Economic Review,2004,190:104 - 113.

②　常有作,刘顺霞,闫志利. 西方发达国家高校教师绩效工资制度的改革趋向及其借鉴意义[J]. 河北科技师范学院学报(社会科学版),2014,13(02):87 - 91.

③　贾莉莉. 英国大学教师工资制度的新变革[J]. 比较教育研究,2004(07):94.

④　Barbezat D A. Salary differentials by sex in the academic labor market[J]. The Journal of Human Resources,1987,22(3):422 - 428.

⑤　Blackaby D,Booth A L,Frank J. Outside offers and the gender pay gap:Empirical evidence from the UK academic labour market[J]. The Economic Journal,2005,115(501):F81 - F107.

⑥　张天. 英国高校教师收入问题:挑战与应对[J]. 世界教育信息,2010,24(12):39 - 42.

国家情况的比较研究,包括薪酬政策和薪酬水平等方面①②③;三是学术薪酬与其他类似职业的差异比较④。系统分析研究英国研究型大学群体的教师薪酬状况、特征及校际差异的研究尚少见。

(三) 罗素集团成员校及其教师类型

本文选取罗素集团成员校作为英国研究型大学的代表。罗素集团成立于 1994 年,包括牛津大学、剑桥大学、曼彻斯特大学等 24 所大学⑤,占英国高校总数的 15%,科研经费总量的 75%。⑥ 罗素集团成员校的教师主要分为两大类。一是教学科研人员,包括教授(Professor)、副教授(Associate Professor /Reader)、高级讲师(Senior Lecturer)、讲师(Lecturer)、高级研究员(Senior Research Fellow)、研究员(Research Fellow)、助理研究员(Research Associate)、研究或教学助理(Research/Teaching Assistant)、教学员工(Teaching Fellow)、辅导教师(Tutor)等。二是支持类人员(Technical Service),包括行政管理、图书馆管理、计算机

---

① Metcalf H, Rolfe H, Stevens P, et al. Recruitment and retention of academic staff in higher education[J]. National Institute of Economic and Social Research, 2005: 10 - 157.

② Ong L L, Mitchell J D. Professors and hamburgers: an international comparison of real academic salaries[J]. Applied Economics, 2000, 32(7): 869 - 876.

③ Stevens P A. Academic Salaries in the UK and US[J]. National Institute Economic Review, 2004, 190: 104 - 113.

④ Stevens P A. Academic Salaries in the UK and US[J]. National Institute Economic Review, 2004, 190: 104 - 113.

⑤ 罗素集团 24 所院校的名称以世界大学学术排名为准。本文简称如下:KCL—伦敦国王学院;UCL—伦敦大学学院;Queen Mary—伦敦大学玛丽女王学院;IC—伦敦帝国学院;LSE—伦敦政治经济学院;Cardiff—卡迪夫大学;Durham—杜伦大学;Sheffield—谢菲尔德大学;Manchester—曼彻斯特大学;York—约克大学;Edinburgh—爱丁堡大学;Warwick—华威大学;Leeds—利兹大学;Liverpool—利物浦大学;Belfast—贝尔法斯特女王大学;Bristol—布里斯托尔大学;Exeter—埃克塞特大学;Glasgow—格拉斯哥大学;Nottingham—诺丁汉大学;Southampton—南安普顿大学;Newcastle—纽卡斯尔大学;Oxford—牛津大学;Birmingham—伯明翰大学;Cambridge—剑桥大学。

⑥ The Russell Group of Universities. Russell group profile[EB/OL]. http://www.russellgroup. ac. uk/media/5420/profile-of-the-russell-group-june-2016. pdf, 2016 - 5.

维护等专业服务类人员；技术、工程和实验等技术服务类人员；保洁、维修等运营服务类人员。英国高校临床医学专业的雇员体系划分和薪酬制度较特殊，未纳入本研究。

（四）数据采集与分析

24 所罗素集团成员校相关年份的薪酬数据收集自学校官方网站、英国高等教育统计局（Higher Education Statistical Agency）、英国大学和学院雇主协会（Universities and Colleges Employers Association）和英国大学和学院联合会（University and Colleges Union），以及政府、协会和大学有关薪酬的政策文献。在此基础上，本研究对英国研究型大学教师薪酬体系的结构、增长机制等进行了系统分析；比较了研究型大学薪酬水平的校际差异、地区差异、学科差异、人员类别与职级间差异、高等教育与其他行业差异等。

二、英国研究型大学薪酬体系及薪酬增长机制

英国是一个老牌的市场经济体制国家，其大学的发展历史久远。其高等教育部门的薪酬体系具有自身特点。这一部分主要是基于罗素大学成员校的案例，对其研究型大学的薪酬体系和增长机制进行分析。

（一）高等教育部门的国家薪酬标准

1. 国家薪酬标准的基本结构

2004 年开始，英国大学即采用单一的国家薪酬标准。国家薪酬标准由大学和学院雇主协会、大学和学院联合会等多方代表组成的高等教育工作人员联合谈判委员会商定。[1] 该薪资协定为教授和高级管理人员以

---

[1] Kubler J, Lennon M C. Association of Commonwealth Universities 2006 - 07 Academic Staff Salary Survey[J]. Association of Commonwealth Universities，London，2007：11 - 30.

下的雇员设置薪酬标准的下限、上限和年度增量幅度。英国高等教育部门国家薪酬标准的结构和对应的水平范围见表5-1。

表5-1　国家薪酬结构与标准(2014年)

级　别	绩　点	薪酬范围(单位:英镑)
1	1-3	13 953—14 631
2	2-7	14 257—16 131
3	4-13	14 959—19 083
4	11-18	18 031—22 029
5	16-24	20 781—26 274
6	24-32	26 274—33 242
7	31-38	32 277—39 685
8	39-47	40 847—51 702
9	45-51	48 743—58 172

数据来源:大学和学院雇主协会网站(http://www.ucea.ac.uk/en/empres/paynegs/pay-he/currentpay-spine/)。

2. 国家薪酬标准的要点

第一,整体薪酬结构分为9级51个绩点。1级薪酬最低,9级最高;每一级别又包含若干绩点,级别越高所包含的绩点数越多;随着级别的增加,薪酬差距逐渐拉大,但同一级别内绩点间的薪酬差别逐渐减小。第二,每一个薪资级别均设置额外贡献奖励机制。例如,级别1包括3个绩点,基本绩点为1—2,绩点3为额外贡献奖励绩点;级别9包括6个绩点,基本绩点为45—49,50—51为额外贡献奖励绩点。第三,设置了相邻薪酬等级之间的绩点重叠机制。紧邻的薪酬级别之间存在相互重叠的绩点,如绩点2同时属于级别1和级别2。较低级别中的较高绩点,其收入水平与较高级别中的较低绩点相当。第四,国家薪酬标准不涉及对教授、副教授级别教师薪酬水平的限制。教授和副教授级别教师的薪酬水平由教师与学院协商确定。

(二) 研究型大学教师薪酬体系

1. 教授、副教授级别以下教师的薪酬结构与水平

罗素集团成员校教授、副教授级别以下教师的薪酬结构与英国国家薪酬标准的结构基本一致,不同学校的薪酬结构存在一定差异。[①] 如副教授级别教师的薪酬,部分学校直接采用国家标准薪酬体系,另一部分学校则将其和教授一并纳入协商确定薪酬机制。从不同类别人员的薪酬水平看,教学科研人员对应的级别一般为 6—9 级,对应的绩点为 24—51。支持类人员中,专业服务类人员对应的级别为 2—9 级,对应的绩点为 2—51;技术服务类人员对应的级别为 2—7 级,对应绩点为 2—38;运营服务类人员对应的级别为 1—7 级,对应绩点为 1—38。

表 5 - 2　英国研究型大学教师薪酬水平(2014 年)

单位:英镑

序号	学 校 名	最低薪酬	最高薪酬	平均值	中位数
1	Cardiff	13 953	58 172	30 627	27 864
2	Durham	13 953	59 914	31 190	28 280
3	Sheffield	13 953	63 552	32 354	29 124
4	Manchester	13 953	63 552	32 354	29 124
5	Edinburgh	13 953	65 852	32 970	29 552

---

① Kubler J, Lennon M C. Association of Commonwealth Universities 2006 - 07 Academic Staff Salary Survey[J]. Association of Commonwealth Universities, London, 2007:11 - 30.

续　表

序号	学 校 名	最低薪酬	最高薪酬	平均值	中位数
6	Leeds	13 953	75 851	36 174	31 810
7	Belfast	13 953	61 705	31 766	28 695
8	Glasgow	13 953	59 914	31 190	28 280
9	Southampton	13 953	68 472	35 161	31 342
10	Cambridge	13 953	65 453	31 605	27 864
11	Liverpool	14 257	67 413	33 928	30 434
12	Newcastle	14 257	63 294	32 704	29 552
13	Birmingham	14 320	71 509	30 444	24 786
14	Nottingham	14 421	69 412	34 563	30 888
15	KCL	14 631	58 172	31 301	28 695
16	York	14 631	62 158	32 047	28 280
17	Warwick	14 631	58 172	30 808	27 057
18	Bristol	14 631	59 914	31 873	29 124
19	Exeter	14 899	67 413	34 306	30 888
20	Oxford	14 959	65 454	34 034	30 888
21	Queen Mary	16 781	64 749	34 780	31 735
22	LSE	16 960	76 006	39 310	35 728
23	UCL	17 550	64 625	35 377	32 471
24	IC	18 240	71 760	38 524	37 070
	均值	14 779	65 256	33 597	30 197
	标准差/均方差	1 229	5 061	2 918	3 146

数据来源：罗素集团成员校官方网站。

表 5 - 2 显示,英国研究型大学教师的最低薪酬大致可以分为三个档次。不同院校年薪的浮动范围为 13 953 到 76 006 英镑,平均水平为 33 597 英镑,平均薪酬最高的学校是伦敦政治经济学院,最低的是伯明翰大学,学校间的差异不大。各院校最低薪酬的均方差为 1 229 英镑,校际差异比平均薪酬的还小,即各校较低级别教师或工作人员薪酬水平的差距不大。相对而言,各校最高薪酬的均方差为 5 061 英镑,反映各校间较高级别教师和高级管理人员的薪酬差异较大。

2. 教授、副教授级别教师薪酬的决定机制与水平

英国研究型大学教授、副教授级别教师的薪酬水平基于学校人事部门和教师之间的谈判协商而设定,其薪酬水平对应的级别较高,通常学校会设置额外的级别和绩点(见表 5 - 3)。

表 5 - 3　英国部分研究型大学教授、副教授薪酬标准(2014 年)

单位：英镑

院 校 名 称	最 低 薪 酬	最 高 薪 酬	平 均 值
Newcastle	56 482	94 182	75 005
Bristol	60 823	111 469	86 146
Southampton	60 843	120 594	90 805
LSE	61 895	94 034	77 965
Oxford	65 314	—	—
Liverpool	65 453	73 647	69 490
Cambridge	67 411	173 346	112 408
Edinburgh	67 918	89 435	77 837
均值	65 906	108 101	85 537

注：数据来源于相关院校官方网站,牛津大学的最高薪酬数据暂缺。

　　如剑桥大学教授、副教授级别教师对应的级别为 12 级，对应的绩点为 68—100；布里斯托大学教授、副教授级别教师对应的级别为 13—15 级，额外为此 3 个级别设立了 24 个绩点。也有部分学校专为教授等高级人员设置额外贡献奖励绩点，如伦敦政治经济学院、牛津大学等。[1] 表 5-3 显示，各校教授、副教授的薪酬水平虽略有差异，但最低薪酬的平均值超过了 24 所研究型大学副教授以下教师最高薪酬的平均值。各校教授、副教授的平均年薪约为 85 000 英镑，大幅高于国家标准薪酬的上限。这表明英国研究型大学教授、副教授的薪酬决定机制在一定范围内具有灵活性。

(三) 研究型大学教师薪酬的增长机制

　　英国研究型大学教师薪酬的调整机制也由大学和学院雇主协会统一协商确定，在 2012—2016 的五年时间里，年调整幅度在 1%—2.5% 之间。根据工作年限，不同级别的教师每年在固定日期调薪一次。对有特殊技能、经验或绩效等情况的教师，学校有酌情处理的灵活性。[2]

　　表 5-4 为不同地区的 4 所研究型大学近 4 年的薪资增长幅度以及与同期通货膨胀率的比较。从中可以看出两个比较明显的特点。一是除 2013 年外，教师薪资的年增涨幅度均超过同期的通货膨胀率。二是较低级别教师的薪酬上涨幅度大于较高级别教师。英国研究型大学教授、副教授级别教师的薪资增长率与其他级别教师基本一致。例如爱丁堡大学教授的最低薪酬 2013 年至 2016 年间的涨幅分别为 1.0%、2.4%、2.7% 和 3.1%，最高薪酬的涨幅分别为 1.0%、2.0%、1.0% 和 1.1%，剑桥大学教师薪酬增长情况与此相似[3]，与其他教师的情况基本一致。

---

　　① Moore W J, Newman R J, Terrell D. Academic pay in the United Kingdom and the United States: the differential returns to productivity and the lifetime earnings gap[J]. Southern Economic Journal, 2007, 73(3): 717-732.

　　② Kubler J, Lennon M C. Association of Commonwealth Universities 2006-07 Academic Staff Salary Survey[J]. Association of Commonwealth Universities, London, 2007: 11-30.

　　③ 通过对爱丁堡大学和剑桥大学官方公布的 2013—2016 年教授薪酬数据整理而获得。

表5－4　近4年部分研究型大学教授级别以下教师薪酬增长情况

单位：英镑

地区	学校	薪酬情况	2012	2013	2014	2015	2016
英格兰伦敦地区	UCL	最低薪酬	17 036	17 206	17 550	17 901	18 336
		增长率		1.00％	2.00％	2.00％	2.40％
		最高薪酬	62 731	63 358	64 625	65 271	65 989
		增长率		1.00％	2.00％	1.00％	1.10％
英格兰非伦敦地区	Cambridge	最低薪酬		13 621	13 953	14 599	15 052
		增长率			2.44％	7.18％	3.10％
		最高薪酬		64 170	65 453	66 108	66 835
		增长率			2.00％	1.00％	1.10％
北爱尔兰	Belfast	最低薪酬	13 486	13 621	13 953	14 323	14 767
		增长率		1.00％	2.40％	2.70％	3.10％
		最高薪酬	59 896	60 495	61 705	62 322	63 008
		增长率		1.00％	2.00％	1.00％	1.10％
苏格兰	Edinburgh	最低薪酬	13 486	13 621	13 953	14 323	14 767
		增长率		1.00％	2.40％	2.70％	3.10％
		最高薪酬	63 922	64 561	65 852	66 511	67 242
		增长率		1.00％	2.00％	1.00％	1.10％
		通货膨胀率	2.84％	2.57％	1.46％	0.04％	0.68％

注：薪酬数据来自相关院校官方网站；通货膨胀率数据来自英国国家统计办公室
（https://www.ons.gov.uk/economy/inflationandpriceindices）

三、英国研究型大学薪酬体系的特点

从上文可以看出,英国研究型大学教师薪酬的结构、水平、增长机制和幅度既受国家薪酬结构和标准的约束,也受制于大学和学院雇主协会的统一协商结果。薪酬体系的总体特点表现如下:

(一) 薪酬水平的校际差异和区域差异小

由于英国研究型大学统一参照执行大学和学院雇主协会协商制定的国家薪酬标准,因此各校教师薪酬结构和水平虽略有差异,但从最低薪酬、最高薪酬、平均薪酬和薪酬中位数等多个维度比较,学校间的差异不大。同时,各校每年的薪酬增长机制和幅度也基本一致。这与学者库布勒和列侬(Kubler J& Lennon MC)对英国、澳大利亚、新西兰、加拿大、南非等国学术人员薪资的调查研究结论基本一致。该研究发现英国教师的薪酬水平分布比其他英联邦国家教师的薪酬更为均等。[①] 英国研究型大学教授薪酬水平的校际差异小,避免了各校在吸引高水平师资方面的恶性竞争,使各地区、各学校得以平衡发展。

从区域之间的比较看,除伦敦地区研究型大学教师的薪酬相对较高外,其他地区的薪酬水平差异小。伦敦地区由于生活成本高,自 1974 年起开始实施伦敦补贴。伦敦中心区域研究型大学的教师每年补贴 3 357 英镑,郊外的研究大学教师每年补贴 2 756 英镑。[②] 伦敦地区以外包括北爱尔兰和苏格兰的研究型大学,其教师最低薪资的均方差仅为 346 英镑,差异不大。

---

① Kubler J, Lennon M C. Association of Commonwealth Universities 2006 - 07 Academic Staff Salary Survey[J]. Association of Commonwealth Universities, London, 2007:11 - 30.

② UNISON Bargaining Support. London Allowances[EB/OL]. http://www.ucea. ac.uk/en/empres/paynegs/randr/la/index.cfm, 2014:1 - 6.

（二）教授级别教师的薪酬相对较高，其他级别教师的薪酬水平差异小

在英国研究型大学里，教授的薪资相对较高。教授、副教授级别教师薪酬的平均值是普通职员的 2.25 倍。[1] 教授级别以下教学科研人员的薪酬与支持类人员的薪酬差异不明显。如以最高薪酬来比较，有 4 所院校支持类人员与教授级别以下教学科研人员的最高薪酬是一样的。两者的区别之处在于支持类人员的最低薪酬标准低于教学科研人员，这主要是因为保洁、维修等服务类人员的起始薪酬水平较低。行政管理等专业服务人员的薪酬水平与教授、副教授级别以下教学科研人员差异不大。

（三）不同学科教师间的薪酬水平差异小

由于有国家薪酬标准约束，英国研究型大学教师的薪资虽然存在学科间差异，但其差异不如其他国家受市场因素的影响大。[2] 英国学者梅勒妮·沃德的研究也表明，同性别不同学科教师的薪酬差异不大。自然科学学院教师的薪酬平均约为 23 000 英镑/年，工程学院教师的薪酬平均约为 22 000 英镑/年，社会科学学院教师的薪酬平均约为 23 500 英镑/年，艺术学院教师的薪酬平均约为 23 500 英镑/年。[3]

（四）与其他行业比较，薪酬具有外部竞争力

罗素集团成员校教授、副教授级别以下教师 2016 年的薪酬水平高于英国社会平均工资，但不属于英国排名前 20 的高收入职业。[4] 教授、副教

---

[1]　AMSTATNEWS. 2016 – 2017 Academic Salary Survey［EB/OL］. http://magazine. amstat. org/blog/2017/03/01/2016-2017-academic-salary-survey/，2017 – 03 – 01.

[2]　张天. 英国高校教师收入问题：挑战与应对［J］. 世界教育信息，2010，24（12）：39 – 42.

[3]　Ward M. The gender salary gap in British academia［J］. Applied Economics，2001，33（13）：1669 – 1681.

[4]　Office for National Statistics(ONS). Annual Survey of Hours and Earnings［EB/OL］. https://www. ons. gov. uk/employmentandlabourmarket/peopleinwork/earningsandworkinghours/bulletins/annualsurveyofhoursandearnings/2015provisionalresults，2015.

授级别教师的薪酬在65 000英镑到175 000英镑范围内,远高于社会平均工资,属于英国高薪人群。从高等教育部门支持服务类员工与其他部门同类型员工的收入比较看(见图5-1),高等教育部门支持服务类员工收入均相对较高。[①] 从上述三类薪酬对比可以看出,英国研究型大学教师的薪酬水平在国内具有竞争力。

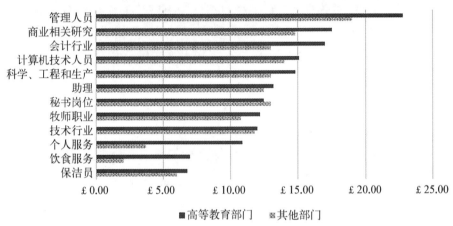

图5-1 高等教育部门支持服务类员工与其他部门同类员工的每小时收入比较

数据来源:University and Colleges Employers Association. UCEA Briefing:The higher education (HE) pay negotiations[R]. 2013:2.

四、英国研究型大学薪酬体系对我国的启示与借鉴

(一) 研究发现

1. 英国研究型大学教师薪酬体系表现出明显的均等化倾向

以罗素集团成员校为代表的英国研究型大学享誉世界,这与其拥有大量高水平的教授和科学家不无关系,而合理的教师薪酬体系和增长机制在其中发挥了重要作用。受英国高等教育部门国家薪酬标准的总体约

---

① University and Colleges Employers Association. UCEA Briefing:The higher education (HE) pay negotiations[R]. 2013:1-3.

束,以罗素集团成员校为代表的研究型大学的教师薪酬体系表现出明显的均等化倾向：薪酬水平的校际差异和区域差异小,不同学科教师之间的薪酬水平差异小,学校内部教授级别以下教学科研人员与支持服务人员的薪酬水平差异小,相邻职称和薪酬等级的薪酬绩点差距小。同时,薪酬水平每年定期协商增长的机制以及与通货膨胀率大致锚定的增长幅度,使得教师收入水平和实际购买力均保持稳定。

2. 薪酬体系在均等化基础上具有弹性激励机制

在相对稳定的薪酬结构和标准基础上,副教授、教授级别的教师具有与学校在一定幅度内协商确定年薪的弹性机制。副教授、教授级别以下教师相邻薪资级别的薪资绩点存在部分重叠,较低级别教师的薪酬也可能超过高一级别的教师。每一薪酬等级均设置了额外贡献奖励绩点,每年根据教师的特别贡献或工作表现给予额外的奖励薪酬。上述三个方面的设计使研究型大学教师的薪酬具有一定幅度的弹性。

3. 均等化倾向与弹性设计使薪酬结构稳定又不至于僵化

稳定、相对均衡的薪酬结构和水平,决定了各研究型大学之间较少发生"高薪挖人"的人才恶性竞争和流动。薪酬以外的因素,比如职称晋升等对促成教师流动的影响更大。具有外部竞争力的薪酬水平和稳定的增长机制,让高校能够保持队伍的稳定和对高水平人才的吸引力。稳定薪酬结构中的弹性设计保留了薪酬的激励作用,是对均等化倾向可能带来的负面效应的矫正,使薪酬体系更具合理性。

（二）启示与借鉴

改革开放以来,经过 1985 年、1993 年、2000 年和 2006 年的多次重要变革,我国高校在薪资决定机制中的自主权逐步扩大。[①] 高校薪酬制度改革经历了"职务等级薪酬制的确立"、"引入津贴薪酬制"和"实行岗位绩效

---

① 鲍威,吴红斌.象牙塔里的薪资定价：中国高校教师薪资影响机制[J].北京大学教育评论,2016,14(02)：113-132,191.

薪酬制"三个阶段①,计划经济体制下高度统一的工资制度逐渐被学校主导的绩效导向薪酬制度取代。薪酬也由此成为影响我国研究型大学人才吸引力的重要因素。

在人才强校战略驱使下,在国家和地方各类人才计划竞争的推波助澜下,"高薪挖人"成为当前我国研究型大学普遍存在的乱象之一,引起了广泛争议。为此,教育部专门发布了《关于坚持正确导向促进高校高层次人才合理有序流动的通知》(教人厅〔2017〕1号),明确要求"科学合理统筹人才薪酬待遇"。通知从一个侧面反映了恶性人才竞争问题的严重性,但从根本上解决问题还有赖于研究型大学薪酬体系的结构性改革。英国作为一个市场经济高度发达的国家,其研究型大学的薪酬决定机制、结构、水平、增长机制和增长幅度设计等,无疑对当前我国研究型大学教师的薪酬改革具有一定的借鉴意义。

1. 调整国家基本工资与学校绩效工资的比例,使国家基本工资成为研究型大学教师薪酬的稳定器

目前我国研究型大学普遍实行岗位基本工资加校内岗位津贴或业绩津贴的薪酬结构,并形成了岗位津贴为主、岗位津贴与业绩津贴并重、业绩津贴为主等多种薪酬模式。② 岗位基本工资由国家统一规定,政府财政拨款负担;校内津贴是薪酬的主要部分,由学校自主确定,因校而异、因所在学院而异。由于教师薪酬中的国家岗位基本工资标准较低,占比不断缩小,学校自主决定的校内津贴占据薪酬的主要部分,使研究型大学教师薪酬水平的校际差异和区域差异凸显。鲍威等人的研究也表明,"985工程"重点建设高校教师薪酬中的86%依赖于其所在学校,这是造成教师薪酬校际、区域间巨大差异的重要原因。③

---

① 蔡蕾.高校薪酬制度改革的实践探索与路径选择[J].浙江社会科学,2020(05):151-155,161.

② 李维.我国研究型大学教师薪酬制度管窥[J].上海管理科学,2014(4):102-104.

③ 鲍威,吴红斌.象牙塔里的薪资定价:中国高校教师薪资影响机制[J].北京大学教育评论,2016,14(02):113-132,191.

研究型大学教师薪酬校际、区域间的"鸿沟"，成为影响学校之间人才争夺成败的重要因素。经济欠发达地区学校的高水平人才向东部发达地区高校的持续单向流出是其表现之一。这直接拉大了学校之间师资队伍质量的差距，导致高等教育体系金字塔分层格局固化和科学体制僵化，同时也持续削弱了人才流出地区和学校的高等教育质量，削弱了学校对所在地区经济社会发展的人才支撑。

缩小以至于消除研究型大学教师薪酬的校际、区域间差异甚为必要。其解决之道在于大幅度提高国家基本工资标准及在教师薪酬总额中的比例，使国家基本工资成为研究型大学教师收入的稳定器。与此同时，明确规定学校津贴发放标准及浮动空间，既留有弹性，又差距可控。按照这一思路，如果将"985工程"重点建设高校教师薪酬中的86％由依赖学校扭转为依赖国家财政统一支付，教师薪酬校际、区域间的"鸿沟"将在机制上被填平。

2. 调整教师绩效工资中学校与院系两部分的比例，缩小研究型大学教师薪酬的学科差异

研究型大学教师的薪酬构成中，除了国家基本工资、学校根据职级统一规定的岗位津贴外，相当大的一部分绩效津贴由院系统筹资源和财力自主分配。因此，除了基于职称、职级不同而表现出的正常差异之外，特定学院及其学科与市场、产业或社会需求的远近，决定了院系的财力大小，将直接导致教师薪酬的院系层面的差异。[①] 美国波士顿学院国际比较教育中心等机构开展的"学术薪资的国际比较研究"项目揭示，在包括美、英、德、日等28个国家中，我国高校教师的起始薪资和顶层薪资之间的差距最大，达四倍之多。[②] 一些研究型大学内部常常流传着某些学院特别富、某些学院比较穷的说法，一些学院教师的薪酬可能是另一些学院同级教师薪酬的两倍。虽然难以获得具体数据支持，但同一职称、职级教师因

---

① 李维. 我国研究型大学教师薪酬制度管窥［J］. 上海管理科学，2014（4）：102－104.

② 鲍威，吴红斌. 象牙塔里的薪资定价：中国高校教师薪资影响机制［J］. 北京大学教育评论，2016，14（02）：113－132，191.

所在院系或学科不同而导致薪酬差异普遍存在确是事实。离市场较远的基础学科、人文学科院系,"创收"相对困难,院系统筹的财力有限,其教师的薪酬水平相对较低。

院系财力在决定教师薪酬水平中具有重要影响,因而驱动院系成为具有自身经济利益诉求的办学主体,增大了其利用手中教育资源从事"创收"活动的压力和动机。这显然会扭曲院系的正常办学行为,可能使学术标准及价值追求一定程度上让步于最大化经济利益的追求。而难以通过市场进行"创收"的学科及院系,其在校内的发展也不可避免地陷于艰难,滑向边缘化困境。基于院系、学科的资源筹措能力差异所形成的教师薪酬差距已经成为院系办学行为功利化的内在驱动因素,进而成为学校推动学科均衡发展、追求一流的重要障碍。

从薪酬结构可以看到,缩小研究型大学教师薪酬的校内学科差异,关键在于调整教师岗位或绩效工资中学校、院系发放部分的比例,压缩学院统筹发放部分的比例,提高学校统一发放的岗位薪酬水平,扩大其比例。院系基于学科特点,利用学校品牌和教育资源提供社会服务,获得的经济收入应该纳入学校统一管理。为避免这种调整对院系提供社会服务的积极性产生较大消极影响,院系中组织提供社会服务的主要管理人员,其岗位职责和考核要求可另行制定。

3. 依据所在地区的实际生活成本,制定中心城市所在地研究型大学教师的住房和生活补贴标准

随着城镇住房制度的市场化改革不断推进,我国研究型大学基本取消了实物分房的政策。在城市商品住房价格持续上涨,特别是北京、上海等中心城市房价涨幅巨大的现实背景下,安居成本已经成为中心城市所在地研究型大学教师不可承受之重。一些中心城市所在地研究型大学现有教师的住房、交通等生活补贴一方面额度过低,与所在城市的实际生活成本脱节;另一方面同城学校之间不统一,缺少合理性。一些在房价已经处于较高位置后进入研究型大学工作的青年教师,其生活压力巨大,距离达到安居乐业的状态遥遥无期。

英国伦敦地区研究型大学教师的薪酬普遍高于其他地区研究型大

学,其高出部分主要作为对伦敦相对较高生活成本的薪酬补贴。借鉴这一经验,在调整我国研究型大学教师薪酬中国家基本工资与学校绩效工资比例,使国家基本工资成为不同地区和学校教师薪酬收入稳定器的同时,也要正视北京、上海等少数中心城市房价及生活成本相对较高的事实,推动建立与特定中心城市住房、交通等实际生活成本相一致的地方专项薪酬补贴标准及相关制度。这一方面可以缓解所在地研究型大学青年教师的生活压力,另一方面也有利于规范同城学校为吸引高层次人才而在住房补贴等方面的无序竞争。

4. 整体提升包括研究型大学在内的高校教师的薪酬标准和外部竞争力,建立可预期的薪酬年度稳定增长机制

人才是学校发展的第一资源。当前我国正在加快建设世界一流大学和高水平研究型大学,吸引并留住一流人才,建设一流师资队伍是其重要前提。但已有多项研究表明,相较于其他知识密集型行业专业技术人员的工资,我国研究型大学教师的收入相对较低,薪酬满意度也较低,未形成有效的外部竞争力。[1][2] 因此,整体提高研究型大学教师的薪酬水平,已经成为相关研究的共同呼声。另外,我国研究型大学教师薪酬的可预期增长机制仍然不明确。除了与职称、职级晋升一并实施的薪酬调升,年度薪酬是否增长、增幅大小均不够透明,也无法预期,大大削弱了薪酬赋予教师的安全感和激励作用,需要从机制上进一步完善。

---

[1]　刘金伟,张荆,李君甫,赵卫华.北京高校教师薪酬满意度及其影响因素分析——基于北京地区 18 所高校教师的抽样调查[J].复旦教育论坛,2012,10(01):71-77.

[2]　鲍威,吴红斌.象牙塔里的薪资定价:中国高校教师薪资影响机制[J].北京大学教育评论,2016,14(02):113-132,191.

第六章

高校科研评价政策改革与海归人才发展

随着我国科技与教育投入不断增长、高等教育重点建设不断推进,科研论文产出规模快速增长,但无论国家层面还是重点建设高校层面,重大原始创新成果或高影响力科技成果却依然稀少,科技创新对经济发展方式转变的支撑作用依然不明显,进一步改革科技管理体制的呼声越来越高。这其中,又以科研评价方式最受诟病。一方面定量评价方法被指责为科研泡沫的罪魁祸首,另一方面同行专家评价中的"黑幕"也不时被揭开,引发对学术腐败的声讨。我国的政策制定者与学术界对科研评价现状均不满意。从世界范围看,科研评价实践至今已有300多年历史,科技评价的理论研究成果也相当丰硕。科研评价中长期存在的重数量指标、轻质量,重外在形式、轻实质贡献多受诟病。这些不仅是科研评价的问题,也对包括海归人才在内的高校教师的行为产生了深刻的影响。"破五唯"的系列政策组合实施后,在高校产生了广泛的震动,对注重质量与贡献导向的科研环境和潜心研究的创新氛围建设具有积极影响。

一、科研的本质规定性及其评价活动

(一) 科学的本质规定性与外在表现形式

科研评价虽以科研成果或科研的表现为基础,但评价的结果必须与科学的本质规定性相一致。关于科学,18世纪以前人们认为科学是知识。到19世纪末20世纪初,人们认为科学是以观察方法为基础的关于自然、社会思维的知识体系。[①] 科学的直接目的是获取新知识。因此,只有取得非传统的、前所未知的成果的活动形式,才能称得上科研工作。科学学奠基人贝尔纳认为,通过详细描述科学的主要特征来代替科学的定义更为合理。据此科学可以看作:① 一种建制,科学已经成为一种广泛的社会职业,科学家的所作所为就成了科学的一种简易定义;② 一种科学方法,即发现自然界和社会新方向及新规律的各种方法的总和;③ 一种累积的科学传统,科学的每一次收获,不论新旧,都要经受住检验,然后被并入科学总体之中。④ 一种维持和发展生产的主要因素。[②]

科学具有真理价值和实用价值。[③] 科学作为系统化、理论化的知识体系,它的真理价值是不言自明的。科学家的专业任务便是发现一些自然现象的秩序和规律,然后把它们系统化,并尽量传播出去。科学的真理价值是科学固有的、基本的价值属性,只能用增加多少独创性的学术价值来衡量。从科学的实用价值来讲,人们创立理论的目的是回归实践,满足社会需求,实现理论价值。然而,只有在理论凝聚了对客观事物的真理性认识,才可能回归到实践中。

不发表即灭亡(Publish or Perish),科研进展和发现需要通过公开发表获得优先权的确认。科研成果按成果的属性可以分为基础研究(理论)成果和应用研究(技术)成果。经济合作与发展组织(Organization for Economic Co-operation and Development,OECD)出版的《研究与发展调查手册》认为基础研究成果一般不出售,通常只在科学期刊上发表或在对其感兴趣的同行中传播。[④] 应用研究成果是为改造客观世界而探索出的实用性的技术和知识,如新工艺、新产品、新方法。应用性研究成果一般以专利、研究报告、相应的技术资料和实物等体现。

---

① 张彦. 科学价值系统论 对科学家和科学技术的社会学研究[M]. 北京:社会科学文献出版社,1994:19-20,39-48.

② 贝尔纳. 历史上的科学[M]. 北京:科学出版社,1981:6-27.

③ 张彦. 科学价值系统论 对科学家和科学技术的社会学研究[M]. 北京:社会科学文献出版社,1994:19-20,39-48.

④ OECD. 研究与发展调查手册[M]. 北京:新华出版社,2000:75.

(二) 科学研究"质量"内涵与外在表现

"质量"是各类管理活动的永恒主题。在古希腊哲学家苏格拉底、柏拉图和亚里士多德眼里,质量被理解为卓越(Excellence)。18 世纪中期,随着商品经济的发展,质量被界定为价值(Value)。19 世纪到 20 世纪 20 年代,在大规模工业生产蓬勃发展背景下,质量被定义为产品符合规格(Conformance to Specifications)。20 世纪 30 年代,质量被加入统计学意义上技术标准稳定性的内涵。20 世纪 80 年代,随着服务业在产业结构中占据主导地位,质量标准开始被理解为满足或超越客户的期望(Meeting and/or Exceeding Customers' Expectations)。[1] 对于科学研究这一古老的创新活动,"质量"更是其本质规定性所在。对于科学研究质量,学术共同体和共同体外部的科学计量学专家,从截然不同的视角进行过界定。

在科学发展史上,科学家既是科研工作的主体,也始终是科研评价的主体。因此对于科研质量,科学家最有发言权。瑞典学者赫姆林(Hemlin,S.)曾就科研质量对 224 位不同领域科学家进行了问卷调查,结果显示科学家对此有广泛共识,他们认为科研质量是对研究问题、研究方法、理论运用、结果、推理过程(逻辑)与书写表达等六个方面新颖性、严谨性、正确性、深度、广度、与学科内部和外部关联等属性的衡量。[2] 当然,受学科特点与成果表达形式差异,自然科学、工程技术、医学、人文、社会等不同领域科学家对上述六个方面在本领域科研质量评价中重要性的排序略有差异。有学者认为,对质量的评价蕴含了科研工作者的个人价值判断,应将其放在特定的场域中去理解。对入职 5 年以内、主要是被评价对象的年轻科研人员,他们对科研质量的理解侧重研究问题的价值、对问题的揭示是否可以获得认同、论文发表期刊的影响力等,并希望这些有助于职业晋升;对于资深科学家,他们作为同行经常参与各类科研评价,他们对科研质量的理解根植于所在学科特点,看重研究者的能力、扎实的理

---

① Reeves C A, Bednar D A. Defining quality: alternatives and implications[J]. Academy of management Review, 1994, 19(3): 419 - 445.

② Hemlin S. Scientific quality in the eyes of the scientist. A questionnaire study[J]. Scientometrics, 1993, 27(1): 3 - 18.

论、反思的框架以及成果蕴含的思想，对科研工作的界定也更加宽泛。[①]
科学家对质量概念的共识及差异，凸显了科学研究具有创新性和不确定
性、应由学术共同体对重大科学发现优先权进行识别的传统，也可以看出
作为学术同行在科研质量评价中不可避免存在的主观性以及由此衍生的
一系列弊端。

科学计量学是运用数学和统计学方法对科学活动的产出（如论文数
量、被引数量）和过程（如信息传播、交流网络的形成）进行定量分析，从中
找出科学活动规律的一门学科。科学计量指标系统地运用于科研评价始
于 20 世纪 50 年代普赖斯（Price, J. ）和加菲尔德（Garfield, E. ）的开创性
工作。与研究领域内部的同行专家不同，科学计量学专家对科研质量的
界定不是基于研究过程和研究内容，而是站在学术共同体外部对科学工
作进行审视。科学引文索引（Science Citation Index, SCI）创办人加菲尔
德认为，质量在性质上是难以捉摸的，人们在不同时间用不同名称来描述
它，比如重要性（Significance）、影响（Impact）、效用（Utility）、效力
（Effectiveness）等。[②] 莫伊（Moed H. ）认为，质量是研究工作的内在品质，
是一个客观存在，但它并不是一个具有物理性质的客观实在物体。其客
观存在可以从历史发展的角度来说明，即时间将证明某一研究工作的学
术价值和持久性。他认为引用其他科研人员的文献是学术共同体成员之
间的一种社会行为，经常被引用（高引用率）的研究成果显然会比很少被
引用的研究成果更为有用。所以，一篇论文被引次数可以被认为是它的
"影响"、"重要性"，或者说"质量"的精确测量。[③] 从上述观点看，科学计量
学的质量概念与学术共同体的同行共识是一致的。在共同体内，一篇论
文被引次数被解释为影响力（Influence）或者可见度（Visibility）已经达成

---

① Czellar J, Lanarès J. Quality of research: which underlying values? [J].
Scientometrics, 2013, 95(3): 1003 - 1021.

② Garfield E, Merton R K. Citation indexing: Its theory and application in science,
technology, and humanities[M]. New York: Wiley, 1979: 63.

③ Moed H F. Citation analysis in research evaluation[M]. Springer Science &
Business Media, 2006: 25 - 34, 77 - 90.

广泛共识。① 由于被引次数需要在成果发表若干年后才能获得,因此评价实践中,论文发表期刊的影响因子往往成为代替被引次数的即时指标。在每一个专业,最好的期刊都是那些论文发表难度很大的期刊,也是高影响因子期刊,这些期刊在影响因子被发明之前已经存在。期刊影响因子运用于测量论文质量,正是因为它与同行专家观念中认同的学科最好期刊非常吻合。②

综上可见,学术共同体对科研质量的界定侧重从问题提出到结果呈现及应用的全过程,并以科学家个人的专业修养作为判断依据。科学计量学对科研质量的界定通过比较特定成果与其他成果获得同行引用数量差异来对质量进行间接判断。它以科学家在学术共同体内部的社会行为一致性为基础,超越了单个科学家的主观判断的局限性。二者虽均是以学术共同体的行为作为判断基础,但一个立足学术共同体内部,一个立足学术共同体外部;一个侧重科学家个人主观的经验判断,一个侧重科学家群体行为的客观统计描述;一个是对科研质量进行直接判断,一个是对科研质量的间接判断。

(三) 以科学研究及其成果为指标的评价类型

"分类评价"已经是科技评价改革的一个共识。但是对评价的分类逻辑却谈不上清晰。《国家"十二五"科学和技术发展规划》在"深化科技评价和奖励制度改革"部分提出,"针对科技计划、机构、人员等不同对象,国家、部门、地方等不同层次,基础研究、应用研究、科技产业化等不同类型科技活动的特点,确定不同的评价指标、内容和标准。"③科技评价类型见表 6 - 1。

---

① Okubo Y. Bibliometric Indicators and Analysis of Research Systems: Methods and Examples[Z]. OECD Science, Technology and Industry Working Papers. OECD Publishing. 1997: 8 - 9, 24 - 31.

② Garfield E. Journal impact factor: a brief review[J]. Cmaj, 1999, 161(8): 979 - 980.

③ 科学技术部. 国家"十二五"科学和技术发展规划[EB/OL]. http://www.gov.cn/gzdt/2011-07/14/content_1906693.htm.

表 6-1　科技评价类型

分 类 标 准	评 价 类 型	具 体 类 型
对科研成果的评价	论文评审	期刊论文评审
		学位论文评审
	项目评审	立项评审
		结项评审
	奖励评审	成果奖励评审
以科研成果为指标的评价	科研工作者评价	晋升考核评价
		人才奖励评价
	学科/科研机构评价	学科评价/排名
		大学评价/排名
	国家/地区竞争力评价	国家/地区科技竞争力评价

注：作者结合实践和研究资料整理。

　　这一规定与"目标导向、分类实施"要求一致，也可以认为是对科技评价类型的一种划分。但是该条款忽略了科技成果这一科技评价最直接的对象。

　　为了进一步剖析评价对象与评价方法之间的匹配性，我们根据科研成果在评价中的角色不同，将科研评价分为两大类，即"对科研成果的评价"和"以科研成果为指标的评价"（见表 6-1）。表中将某一具体科研项目申请书（研究计划设想和论证）作为科研成果，这一点可能存在争议，但我们认为问题提出、研究技术路线设计等活动是科研早期成果的重要体现。"对科研成果的评价"是对某一具体科研成果形式，包括投给学术期刊的论文、学位论文等开展的评价。以"科研成果为指标的评价"包括科研工作者评价、学科评价、科研机构（包括大学）评价以及国家和地区竞争力评价。评价对象不同，涉及的成果数量和专业领域范围不同，方法选择也会有差异。

从数量扩张向质量提升转变是我国高校科技创新面临的阶段任务，也是加快内涵发展的题中之义。科研评价作为科研管理手段之一，在推动高校创新转型中具有重要导向作用。以维护科学自主性和坚持科学自治理想为借口的同行评议，成为科研评价的主要方法具有天然合理性。[①]但是定量评价方法则遭遇是否还具有存在必要性的质疑。这种质疑主要基于对定量评价以数量为导向忽视质量的认识。目前高校科研评价中普遍运用的定量方法是否具有质量属性，偏离质量导向的原因在哪里，定量方法与质量导向之间如何兼容是科研评价改革无法回避的现实问题。

二、科研评价主要方法及其合理性和缺陷

同行评议和科学计量学方法是对科研评价的主要方法。

（一）同行评议的合理性及缺陷

三百多年前英国皇家学会成立时，最早将同行评议（Peer review）用在其会刊《哲学学报》的来稿评审中，开启了由科学家对同行研究工作进行评价的先河。第二次世界大战前后，一些国家成立的科学资助机构开始邀请外部科学家参与遴选拟资助项目，如 1937 年成立的美国癌症研究协会（American Association for Cancer Research，AACR），1950 年成立的美国国家科学基金委员会（National Science Foundation，NSF）等，并逐渐形成了稳定的同行评议系统。[②] 与之前仅依靠内部行政官员开展决策是一个明显进步。

国内外学者从强调不同要点出发对同行评议有多种定义。按照英国

---

① 龚旭.科学政策与同行评议　中美科学制度与政策比较研究[M].杭州：浙江大学出版社，2009：23 - 27.

② 吴述尧.同行评议的对比研究[J].中国科学基金，1993(02)：133 - 137.

博登教授的观点,同行评议就是由从事特定领域或接近该领域的专家来评定一项工作的学术水平或重要性的机制。[①] 美国学者楚宾等人认为,同行评议是科学家们用来评价科学工作,证明程序的正确性、确认结果的合理性以及分配稀缺资源(诸如期刊篇幅、研究资助、认可以及特殊荣誉等)的一种有条理的方法。[②] 我国学者刘明认为,同行评议是针对涉及研究工作的某项实物,聘请在该领域或相近领域工作的专家,运用其专业修养,就对象的学术水准及相关价值做出评价的活动,评价结果是决策的重要依据。[③] 从上述不同的定义可以看出,同行评议首先是"同行"对科研工作进行的一种主观评价;其次,是对科学工作程序、学术水平或重要性的评价;第三,评价结果是决策的依据之一,与稀缺的科技资源分配联系在一起。

同行评议成为300多年来科学共同体科研评价的主要方法有其合理性。基于科学所具有的与客观真理相联系的权威地位,从科学研究作为一种独立社会活动产生以来,无论是哲学中的实证主义与证伪主义,还是社会学中的结构功能主义,均努力在科学与非科学之间划出截然的界线,并使得科学在政府的政策制定中往往被作为"例外"加以对待,以维护科学的自主性和坚持科学自治的思想。[④] 同行评议是维护科学制度自主性的方式,并被视为科学自主性的象征。

同行评议的方式主要有通信评议和召开评审会评议两种。如是通信评议,每一项成果有若干专家按照给定的评分标准打分并给出书面评语,根据通信评议是否隐匿成果署名和专家评审签名,又可以分为单向匿名评审和双盲评审。召开评审会评议是专家委员会集中开会评审,对送审的成果集中审议,或对申请人当面答辩并进行评议,进行投票表决。在坚持公平公正的前提下,同行评议针对每一个对象也有明确的参考标

①　博登.同行评议[C].国家自然科学基金委政策局译,1992:17.

②　楚宾.难有同行的科学[M].北京:北京大学出版社,2011:1,191-208.

③　刘明.学术评价制度批判[M].武汉:长江文艺出版社,2006:67-68.

④　龚旭.科学政策与同行评议　中美科学制度与政策比较研究[M].杭州:浙江大学出版社,2009:23-27.

准,用以对同行专家的评价给予提示和引导,便于对不同专家的评价进行比较。

科研工作者对同行评议已广为熟悉,有一定资历的学者可能经常在评审专家与被评审对象之间频繁转换角色,对其中存在的问题也各有感悟。同行评议的首要标准是按照公平公正的原则对评价对象的质量和重要性进行判断,而不应受到作者与评审人之间存在的利益冲突(专业领地受到侵犯、资源竞争)、作者与评审人之间相对地位差异、作者外在的一般特征(如学术资历、专业声望或知名度、供职单位等)等影响。但是"科学界的马太效应"与"坐第四十一席位者"现象及相关研究显示,上述方面在同行评议中能否有效避免是存疑的。[①] 评议过程中,评审专家剽窃申请书中的新构思,否定申请人的事例也时有发生,"拉关系""打招呼""投桃报李"等不正之风更是屡见不鲜。在不同类型评审中,专家组中的非专家成员越来越普遍,有的还对评议结果拥有决定权,同行专家仅限于提建议和签名,同行评议实际上徒有形式。另外,科学发展按指数增长的规律也让同行评议不堪重负,专家大量精力被占用,物质成本开支也越来越大。

(二) 科学计量学方法的合理性与缺陷

科学计量学指标应用于科研评价始于 20 世纪 60—70 年代。此前,除了同行评议制度外,科研评价没有其他正规的形式。[②] 科学计量学(Scientometrics)或文献计量学(Bibliometrics)是运用数学和统计学方法对科学活动的产出(如论文数量、被引数量)和过程(如信息传播、交流网络的形成)进行定量分析,从中找出科学活动规律性的一门学科。

科学计量学的开拓者力求探索独立于科学的方式理解科学。20 世纪50—60 年代期间,科学共同体开始意识到科学情报和文献的数量呈现指

[①] 默顿.科学社会学　理论与经验研究　下[M].北京:商务印书馆,2017:573 - 766.

[②] 洛埃特·雷迭斯多夫.科研评价和科学计量学的研究纲领——二者关系的历史演变与重新定义[J].科学学研究,2004(03):225 - 232.

数增长。加菲尔德和普赖斯等人提出应该用公开的、正式的科学交流系统反映科学的发展情况，而这项工作的前提是必须对文献进行分类和编排索引。1963 年，"科学引文索引数据库（Science Citation Index，SCI）"诞生。该数据库在文献检索功能之外，为定量分析科学发展情况提供了便利的数据平台。一些学者据此以出版物数量和引文数量为科研产出指标，创立了一系列概念和测度方法。出版物数量和引文数量等指标的引入，使决策者和科研管理者有了可以利用的直观依据，也使科学共同体在跨学科范围的质量控制上有了同行评议之外的客观标准。科学计量学因此逐渐赢得了存在的合理性。

对科研产出的定量评价包括数量和质量两个方面。数量是个明确的概念，而质量则相对模糊，人们在不同的时间用不同的名称来描述它。加菲尔德教授认为，关于质量，有两个方面的认识是确定的：质量是一个论文正面的品质，它通常反映该科学工作的声望；质量在同行评议的内容中扮演着重要的角色。[1] 质量是研究工作内在的品质，是一个客观存在，但它并不是一个具有物理性质的客观实在物体。莫伊教授认为，时间将证明某一研究工作的学术价值和持久性，其历史始于发表的学术成果被阅读和引用。引用其他学者的文献是学术共同体成员之间的一种社会行为，一篇论文被引用的次数可以被认为是它的"影响""重要性"，或者说"质量"的精确测量。[2] 一篇文章的引用率越高，它的影响力就越大。对科学家来说，经常被引用的研究成果很显然比很少被引用的研究成果更为有用。

OECD 出版的一本著作总结了评价科学技术活动的主要科学计量学指标，其中包括：[3]

---

[1] Garfield E，Merton R K. Citation indexing：Its theory and application in science，technology，and humanities[M]. New York：Wiley，1979：63.

[2] Moed H F. Citation analysis in research evaluation[M]. Springer Science & Business Media，2006：25 - 34，77 - 90.

[3] Okubo Y. Bibliometric Indicators and Analysis of Research Systems：Methods and Examples[Z]. OECD Science，Technology and Industry Working Papers. OECD Publishing. 1997：8 - 9，24 - 31.

（1）论文数量。论文数是对一位科学家、一个实验室、一所大学、一个国家科研工作成果数量的原始、简化和近似的测量。论文数只是粗略的科学计量学指标，但只有把握了这一初始数据，才能获得其他更有意义的相对指标。把论文总数根据研究人员数量或者经费数量等进行标准化，就可以得到描述生产率的相关指标。但是，简单的论文数量显然不能作为评价该主体对科研发展贡献的全部。

（2）被引次数。在关于学术论文质量的界定中已经提到，被引次数可以用来测量被引用论文的影响或者质量。引文分析不仅能给出研究对象科研行为的静态图景，而且可以提供论文影响的动态趋势。已有研究表明，根据学科不同，一般从文献发表到随后的 3—5 年时间跨度能够最好地满足对论文影响力发展趋势的测量。但是在不同研究主体之间进行被引次数的直接比较是不合适的。某些领域的论文平均被引次数非常高，有些领域即使是高质量的论文，被引次数也不高。因此，被引次数必须根据专业和学科的不同进行正确的标准化。

（3）影响因子。是指某一期刊的论文在特定年份或时期被引用的频率，是衡量学术期刊影响力的一个重要指标。一本期刊的声望越高，其影响因子越高，在该期刊上发表的论文被引用的可能越大。作为一个研究工具，影响因子帮助解决了科研评价中的很多问题。首先，期刊影响因子每年都可以便利地获得，不需要为获得论文被引用数据等待很长时间。其次，它的成本和工作量比引文分析小。最后，数据来源可能存在的错误也被最小化。"影响因子不是评价论文质量的完美工具，但是却没有比它更好的工具。经验表明，在每一个专业，最好的期刊都是那些论文很难被其采用的期刊，也是高影响因子期刊，这些期刊在期刊影响因子被发明之前已经存在。"[①]

（4）合作者数量。一篇论文合作者的数量是测量国内或国际层面合作研究状况的指标。合作论文如何在各个作者间分配有三种方法，一是

---

① Garfield E. Journal impact factor: a brief review[J]. Cmaj, 1999, 161(8): 979 - 980.

把合作论文与单一作者论文等同,合作论文只计算在第一作者名下;二是合作论文被重复计算到每个合作者名下;三是把合作论文按合作者数量分比例分到各作者名下。

(5) h 指数。美国加州大学圣迭戈分校物理学教授 J. E. Hirsch 在 2005 年提出了一个评价科学家个人科研产出的新指标——h 指数。[1] Hirsch 教授指出,如果一位科学家发表的 N_p 篇论文中有 h 篇论文每篇被引次数至少为 h,其他(N_p—h)篇论文中每一篇的被引次数都小于等于 h,那么这位科学家的 h 指数就是 h。h 指数越高,科学家的科学贡献和成就越大。Nature 曾专文报导并肯定 h 指数将对科学家的科研评价起到重要作用。[2]该指数将科学家发表论文的数量和被引次数有机地结合了起来,引起了广泛关注。有学者进一步将 h 指数拓展到对团队、机构的评价,也取得了积极的成果。

当然,利用科学计量学指标评价科研工作也存在一些值得注意的问题。莫伊对此做过归纳,主要包括五个方面:[3]一是数据采集与数据精确性。应根据正确的匹配程序收集文献被引用次数,要注意自引和多作者合作文献被引用次数计算问题。二是科学引文索引收录文献的覆盖范围与偏好。科学引文索引对不同学科文献和不同语种文献的覆盖程度不同,英语期刊是主体,如仅利用该数据库对非英语国家开展科研评价会产生消极影响。三是一般效度。科学家都具有多个任务和职责,被引次数并没有把他所做的全部活动考虑进去。作者引用动机有很多,有些动机与被引用文献的质量联系很小。四是评价指标及其效度。要区分不同学科之间引用行为的差异,对指标进行标准化。五是引文分析应用与解释过程中要注意的问题。这个问题主要涉及引文分析在科研评价中的角

①　Hirsch J E. An index to quantify an individual's scientific research output[J]. Proceedings of the National academy of Sciences,2005,102(46):16569 - 16572.

②　Ball P. Index aims for fair ranking of scientists[J]. Nature,2005,436(7053):900.

③　Moed H F. Citation analysis in research evaluation[M]. Springer Science & Business Media,2006:25 - 34,77 - 90.

色,引文分析与同行评议的关系,引文分析在宏观、中观和微观层面使用的效果比较等。这一归纳较为系统地梳理了引文分析的局限和注意事项,对更好地应用和理解科学计量学指标有一定帮助。

随着互联网的快速发展,文献数据平台建设得到更多重视,利用科学计量学开展科研评价有了更多数据支持。而政府科技投入的不断增长及对投入效益的重视,对科学共同体之外第三方评价机构的需要,为科学计量学方法的应用提供了市场。

三、高校科研评价定量方法中的质量属性及其偏离

(一) 高校科研评价定量方法中的质量属性

在科学计量学出现之前,同行专家评价是判断科研质量的通用方法。但同行专家评价系统的好坏取决于被挑选出来承担评审的专家组成员,并且运转低效、代价昂贵。科学计量学基于对科研质量的独特界定,开发出了一系列简便可行的定量指标,迅速发展成为同行评价之外另一重要评价方式。

定量方法中使用最多的指标是基于一定时间窗口的出版物数量及其被引次数。在此基础上衍生出了整个定量评价指标体系,也开发出了一些新的经典指标。乌必科(Verbeek, A.)[1]、欧库布(Okubo, Y.)[2]和莫伊[3]等人分别从研究综述、科研评价应用和科学计量学理论探讨等角度对定量指标体系进行过系统梳理,对不同指标的性质及其缺陷进行过讨论。美国加州大学圣迭戈分校物理学教授赫希(Hirsch, J.)基于论文数量与

① Verbeek A, Debackere K, Luwel M, et al. Measuring progress and evolution in science and technology - I: The multiple uses of bibliometric indicators[J]. International Journal of management reviews, 2002, 4(2): 179 - 211.

② Okubo Y. Bibliometric Indicators and Analysis of Research Systems: Methods and Examples [Z]. OECD Science, Technology and Industry Working Papers. OECD Publishing. 1997: 8 - 9, 24 - 31.

③ Moed H F. Citation analysis in research evaluation[M]. Springer Science & Business Media, 2006: 25 - 34, 77 - 90.

被引次数关系提出用于评价科学家个人科研产出的 h 指数,[①]拓展了平衡产出数量与质量关系的新视角。

从我国高校科研评价实践看,目前广泛使用的定量指标主要有某一文献检索来源的论文数量、著作数量、授权专利数量、成果被引次数、论文发表期刊的影响因子或期刊在本学科所有期刊中的排序、科研成果获奖数、不同来源基金项目数等。它们不仅在我国广泛使用,在英国、意大利、澳大利亚等国家的科研评价实践中也经常被使用。根据指标类型,上述指标可以分为成果数量、成果影响力和科研能力与条件三类,分别具有不同程度的质量属性(见表 6-2)。

表 6-2　科研评价常用定量指标的质量属性

指标名称	指标类型	质量属性
论文数	成果数量	同行专家审稿确认符合发表要求
著作数	成果数量	书稿三审制度确认符合出版要求
授权专利数	成果数量	专门机构审查确认实用性、新颖性、进步性
被引次数	成果影响力	成果在学术共同体内重要性的体现
期刊影响因子/等级	成果影响力	影响因子高低与期刊声誉、审稿标准成正比
成果获奖	成果影响力	基于同行专家评审的成果重要性确认
基金项目	科研能力与条件	基于同行专家对创新能力和可行性的确认

注:作者归纳整理。

论文数量是对评价对象科研工作原始、简化的测量,反映的是科研产

---

①　Hirsch J E. An index to quantify an individual's scientific research output[J]. Proceedings of the National academy of Sciences,2005,102(46):16569-16572.

量,但是它也具有质量属性。这一方面是因为学术期刊普遍实行同行专家审稿制度,在决定录用一篇论文之前,其质量已得到同行专家的基本认可。另一方面,高校科研评价实践中普遍采用将某一检索系统收录的论文作为评价指标的做法,比如科学引文索引和中文社会科学引文索引(Chinese Social Sciences Citation Index,CSSCI)源期刊刊载的论文。相关引文索引数据库在遴选期刊时均依据其出版标准、规范性、被引用情况以及专家意见或国际多样性等指标。入选期刊总数占所在学科期刊总数比例较小,入选期刊办刊质量在各学科总体靠前。以这类引文索引收录的源期刊论文为指标,在测量产出数量的同时,显然包含了特定的质量属性。著作和授权专利等成果数量指标,也具有类似的质量属性。

被引次数、期刊影响因子及由此决定的期刊在所处领域所有期刊中的位次(一区、二区还是三区、四区),是用来测量被引成果的影响或质量的主要指标,也是科学计量学界定论文质量的主要角度。但是某些领域的论文平均引用次数非常高,有些领域即使是高质量的论文,被引用的绝对次数也不高。期刊影响因子也一样,某些学科的期刊影响因子整体偏高,有些学科期刊影响因子整体都较低。因此,在不同学科领域比较论文的被引次数或刊文期刊的影响因子是不合适的。引用频次或期刊影响因子需要根据所属学科(包括属于多个学科的期刊及论文)进行正确的标准化。在被引次数指标中,总被引次数、平均被引次数、排除自引的平均被引次数等对数据的准确性要求不同,其体现的质量或影响力的准确性也不同。成果获奖是成果影响力的另一种体现,它由同行专家对其重要性或质量进行确认。基金项目是科研能力或支撑条件指标,虽在评价中被频繁使用,但其并不是成果本身,而是同行专家对申请人创新能力和可行性的确认,是对未来创新工作质量的一个预期。

从上述分析可以看出,科学计量学基于学术共同体社会行为一致性分析获得的定量评价指标本身具有质量属性,这也是其得以被广泛运用的重要原因。

（二）高校科研评价中定量方法偏离质量导向的原因

数量与质量并不是一对矛盾体。定量评价指标也具有质量属性。当前定量评价偏离质量导向的原因，可以归结为以下几个方面：

（1）以定量指标的数量标准替代质量标准的机制普遍存在，以量取胜仍然普遍适用，"著作等身"胜过"十年一剑"。

定量指标具有质量属性，但是在符合最低质量要求的基准线上方，定量指标仍然存在数量标准与质量标准使用范围差异以及数量标准与质量标准之间的替代关系矛盾。一是在满足最低质量标准前提下，定量指标的数量标准使用范围更广。在基准线上方，以数量标准作为评价对象优劣或合格与否的判断依据，简单易行，区分度显著。而定量指标的质量标准，比如被引次数等质量标准对评价时间窗口设定要求严格，对基础数据的准确性要求高，采集与核对相对困难。这制约了定量指标的质量标准的应用范围和使用频率。同时，在相关评价中，存在定量指标的数量标准对质量标准的替代机制，即在评价对象不符合更高质量标准的要求时，可以用数量更多的较低质量成果替代。比如，一些高校在教师职称晋升文件中依据学术声誉将期刊由高到低划分为 A、B、C、D 四个等级，晋升正高级职称的教师在学术论文方面需要有 3 篇 B 类以上或者 9 篇 D 类以上论文。也就是 3 篇 D 类论文可以替代 1 篇 B 类以上论文。而 B 类以上期刊数量少，同行评审标准严格，对论文质量要求更高。相对来说，D 类期刊数量多，评审标准较低，论文发表容易。较低质量标准的成果对较高质量标准成果的替代机制，为数量扩张提供了刺激机制，为以数量取胜提供了可能，使"著作等身"的风险小于"十年一剑"，这也导致了定量指标对质量导向的偏离。

（2）定量评价对科研人员行为的误导是其偏离质量导向的深层次原因。

科研评价结果会直接影响到科研人员获取项目经费、职位和职称晋升机会。因此，评价方式、评价机制及其结果对科研人员的科研行为会产生不同程度的影响。广泛使用的论文发表数量、被引次数和期刊影响因子等标准不可避免地对科学家的目标和科研行为会产生潜移默化的影响。剑桥大学劳伦斯(Lawrence, P.)教授认为[①]，过去 20 年，科学家已经将主要精力从科学问题和方法的探索转向了撰写论文、投稿、审议和出版的流程，满足评价标准放在了理解自然规律、揭示科学现象的前面，科学研究的本质受到影响。科研人员总是设法先向高影响因子期刊投稿，然后再逐级向低影响因子期刊投稿，力争将论文发表于更高影响因子期刊。每一次投稿都要经历漫长的审稿和沟通过程，这对科研人员的时间和精力是极大消耗，也是对科研工作的一种冲击。部分科研人员甚至改变研究策略，以跟踪热点和容易受到同行关注为重点，对于少有涉及的领域则不愿承担失败的风险。定量评价对科研人员行为产生的上述影响及其对科研质量的影响，成为定量评价被诟病的原因之一。

（3）论文等容易定量评价的成果对不可定量测量创新贡献的"挤出效应"，削弱了高校科研服务经济社会发展的贡献。

定量评价简便易行，使定量评价能够测量的科研产出，如论文、专著、授权专利等，在高校科研及人事管理实践中更容易得到采用和认可。管理部门对容易定量评价产出成果的认可，强化了科研人员在创新产出形式选择上的优先方向。在有限的时间里，在科学研究众多产出类型中，科研人员选择将更多的时间和精力投入到容易被认可的论文、著作、授权专利等工作上，实际上削弱了科研人员推动创新驱动经济社会发展的动力和能力。这种现象可以解释为定量评价中容易测量的产出成果对不易测量产出贡献的"挤出效应"。定量指标不易定量的创新贡献，因其难以衡量而被弱化，难以获得与容易定量评价科研成果的同等对待而被削弱。在知识经济时代，科技创新推动经济社会发展的能力和水平是检验科技创新质量的终极准则。定量指标对科技创新驱动发展贡献测量的盲点及其形成的"挤出效应"，制约了高校科技创新质量与贡献的提升。

（4）定量指标是对质量的间接测量，指标自身的缺陷及基础数据问题也是其偏离质量导向的重要因素。

正如科学计量学对科研质量的界定，引文分析是对质量的一种间接

---

① Peter A. Lawrence, 李志忠. 科学的不当评价[J]. 科学观察, 2008(02): 1-4.

测量,其侧重的是成果影响力。广泛使用的期刊影响因子也仅表明在一段时间里,该期刊上的论文平均可能被引次数,不能等同于其中某一特定论文实际获得的引用次数。另外,每一项研究产出从发表到获得认可的时间间隔差异巨大。有些成果的影响力可能是短期的,有些可能持续很长时间。真正原创性的工作通常需要两年以上才能获得学界的认可和重视,而 20 世纪生物学领域里最重要的一篇论文在头一个 10 年里罕有引用。[①] 采用定量指标评价科研质量必须注意这些特点,在决定评价时点和时间窗口时应特别小心。另外,定量指标依据的基础数据也存在两个方面问题,一个与基础数据的数量有关,一个与基础数据的质量有关。[②] 单一数据平台收录文献的覆盖范围与偏好,不同学科之间引用行为差异、引用动机差异、自引,多作者合作文献被引次数计算,文献的语种等都对基础数据的质量构成负面影响。定量指标及基础数据的局限,使收集研究工作完整的影响力证明材料非常困难。[③] 克服定量指标及其依赖的基础数据局限也因此成为科学计量学研究的重要方向之一。

四、加强科研评价目的与方法适切性的改进建议

基于对科研评价类型的重新划分和对两种主要评价方法合理性及其缺陷的分析,我们对每一种具体评价类型希望实现的目标,现行的主要评价方法进行了梳理,并根据目标与方法之间的匹配情况提出了改进建议。

(一) 基于科研类型做好分类评价

对单一科研成果的评价,总体上以同行评议为主(见表 6 - 3)。这与

---

① Olby R. Quiet debut for the double helix[J]. Nature, 2003, 421(6921): 402 - 405.

② Kostoff R. The use and misuse of citation analysis in research evaluation[J]. Scientometrics, 1998, 43(1): 27 - 43.

③ Penfield T, Baker M J, Scoble R, et al. Assessment, evaluations, and definitions of research impact: A review[J]. Research evaluation, 2014, 23(1): 21 - 32.

科研工作的本质规定性和科学共同体追求自治的传统是一致的,而在涉及资源和荣誉分配的评价类型中,主管部门行政官员越来越普遍地参与其中,这一点引起行政权力对学术权力干预的质疑是难免的,但要视官员在评审中的地位而定;评审程序一般包括通信或会议评审等多个环节,形式与程序上保证了评价的公正和公平。

表 6-3　对科研成果的评价及方法匹配

评价类型	评价目标	现行方法	方法完善
期刊论文评审	学术水平与规范是否达到期刊发表要求	编辑与同行为主多级评审	推广论文匿名评审 完善审稿专家标准与程序
学位论文评审	学术水平及规范是否达到学位授予标准;确认优异	同行为主 计量指标为参考 通信和会议评审	改进双向匿名通信评审 完善同行遴选标准与程序
立项评审	计划先进性与可行性并据此分配资源	同行与官员为主 通信和会议评审	增加已有研究计量指标评价信息 改进双向匿名通信评审 增加重大项目评审专家责任追究
结项评审	成果与预期目标的一致性;资金使用效果	同行与官员为主 计量指标为参考 通信或会议评审	增加代表性成果计量学指标评价 增加同行专家匿名评审
成果奖励评审	对杰出成果的承认和致敬	同行与官员为主 通信和会议评审	增加成果计量学指标国际比较 增加同行评议专家责任追究

注:作者归纳整理。

但同行评议存在的问题显示,要确保同行评审人按照科研成果体现出的质量对其进行评价,而不受非成果因素影响,需要对同行评议的细节进行改进。比如对评审人隐匿成果作者的姓名和供职机构等。对已经公开发表的论文等成果进行评价时,应该在同行评议的同时,提供可检验的科学计量学指标信息,一方面供同行专家开展评价时参考,另一方面对同行评议结果与计量学指标得分差异显著的例外情况进行控制。总体上,对单一科研成果本身的评价依然有赖于同行专家的公正裁决,但是同行评议存在的公认的漏洞,特别是在我国"人情社会"的文化背景下,在计量信息采集允许的情况下,均需设计科学合理的定量指标以平衡同行评议可能出现的问题。

对以科研成果为指标的相关评价,实际上可分为四个层次,包括对科技工作者的评价、对学科的评价和排序、对大学的评价和排序、对国家和地区的评价(见表6-4)。其中,对学科的评价也可以理解为对大学的单项评价。对大学的评价,包括总体评价、学术评价等多个具体形式。在不同的具体形式中,科研成果在其中的权重显然不同。比如在上海交通大学高等教育研究院2003年开始发布的"世界大学学术排名"中,仅针对大学最具有国际可比性的学术研究进行,结果完全依据包括五个一级指标的计量学指标体系评价得分,没有涵盖人才培养、社会服务等国别差异明显的方面。而《泰晤士报高等教育副刊》2004年开始发布的"世界大学排名"则努力涵盖大学教学、科研、国际声誉等多个方面,并且引入同行评议,对各国大学打分。对国家/地区综合竞争力或科技竞争力的评价,也在不同程度上依据该国/地区科研投入与产出的多个方面指标。

表6-4　以科研成果为指标的评价及方法匹配

评价类型	评价目标	现行方法	方法完善
晋升考核评价	科技工作者某一段时间工作能力与水平	同行与官员为主通信与会议评审成果数量要求高	代表性成果计量学指标评价 增加或推广国际同行评议 增加 h 指数评价
人才奖励评价	对科技工作者潜力或杰出贡献的承认	同行与官员为主通信与会议评审成果与学术经历	增加代表性成果计量学指标评价 增加或推广国际同行评议 增加 h 指数评价

续　表

评价类型	评价目标	现行方法	方法完善
学科评价/排名	对学科学术水平的肯定；认可办学效果；提供可比信息	第三方评审 同行会议评审 计量指标为基础 对比分析	改进计量学指标体系（影响力） 引入同行声誉调查 标注评价结果合理使用限定
大学评价/排名	对总体或学术声誉的承认，认可办学效果；提供可比信息	第三方评审 计量指标为基础 伴有社会声誉调查 对比分析	改进计量学指标体系（学科差异） 标注评价结果合理使用限定
国家/地区科技竞争力评价	对国家/地区竞争力或科技竞争力的承认；提供可比信息	第三方评审 计量学指标为基础对比分析	改进计量学指标体系 标注评价结果合理使用限定

注：作者归纳整理。

从不同层次评价的现有方法看，对科技工作者的评价是基础且敏感的评价之一。目前采用的同行与所属单位官员为主的评价基本符合实际。但是，同行和官员评价科技工作者依据的重数量而轻质量的计量学指标最受批评，也有违科研工作重在创新的属性，建议仅以少量代表性成果的同行评议和计量学指标评价代替数量标准。

为避免国内同行评议存在的"裙带"影响，需要改进同行评议的遴选程序，增加一定比例的国际同行评议。对学科和大学，既有独立第三方开展的评价，也有行政部门委托相关机构开展的评价，不同主体开展的评价目标、范围和方法会有所差异。独立第三方开展的评价不具有行政动员的组织力量，评价的目标主要是提供可比信息，评价结果依据计量学指标的实际得分。数据收集等主要依赖公开渠道，如开展同行声誉调查，也相对独立。由行政部门委托的相关评价，在专家遴选、数据收集、指标体系设计等方面更多的是为同行评议提供基础，本质上仍然是同行评议。

但是,从评价对象与评价方法的适切性来看,以科研成果为指标的四个层面评价,随着评价对象的扩大,评价依据的成果数量不断扩大,评价涉及的专业领域也不断扩大。因此,在方法的采用上,同行专家受时间、精力和专业熟悉程度的限制,可以发挥的作用越来越小,局限性会越来越大;而计量学的优势则越来越大,对计量学方法的依赖也应越来越强。如果一项评价以国家为对象,超越了国界的限制,毫无疑问,具有国际可比的计量学指标将是唯一有说服力的选择。

(二)加强高校科研评价质量导向与定量方法兼容

从科学计量学对科研质量的界定以及基于被引次数开展科研影响力(质量)评价等所取得的研究进展看,定量评价不是单纯的"数数"。在科研管理信息化手段不断丰富的背景下,需要改进的是强化定量指标与质量导向之间的兼容性,既充分利用定量评价客观、简便的优势,又尽可能避免其与质量导向的偏离。

(1)实行以定量评价指标为参考的代表作同行评价制度,形成专家评价与定量评价的相互验证、相互制约机制。

定量评价不是单纯的"数数"。科学计量学在论文质量界定、运用引文分析与 h 指数开展科研影响力(质量)评价等方面做了大量的探索和验证工作,取得了丰硕的成果。评价指标体系日趋成熟,需要注意的问题也较明确。目前,国内高校和科研单位查询国内外文献数据库也非常便利,已经具备了在科研评价实践中广泛借助科学计量学指标的条件。

同行评价与定量评价"孰优孰劣"的争论由来已久。从课题组的研究来看,方法本身都有问题,但又不是问题的根本所在。在科研评价的实践中,最重要的问题是根据评价对象和评价目标,选择契合的方法。在 1990 年代以来的 40 年左右时间里,我国 SCI 论文数量快速增长,但重大原始创新成果依然稀缺。但正如李国杰院士所说,"SCI 本身不是问题,问题出在我们滥用。"[①]

---

① 李国杰. SCI 不是评价科研成果的唯一标准[N]. 光明日报,2006-10-24.

同行评价与定量评价是从内在过程与外在表现两个方面分别对科研质量进行的评定,角度各有侧重,方法上各有利弊。同行评价作为学术共同体内部的质量保障机制,有其合法性基础和与生俱来的优势。但无论在科技大国美国,还是同行评价发源地英国,都有强烈的改革呼声。[①] 我国的情况也有学者犀利指出,"专家意见"不过反映了小部分官员及其赏识的科学家之间的相互理解和"默契",并使中国学术界出现了大家心照不宣的"潜规则"。[②] 这样的阐述足见同行评价之痛。

近年来,科研评价中出现了将同行评价与科学计量学指标结合起来的新趋势。通过科学计量学指标获取评价对象的定量信息,为专家做出更合理评议提供支撑,并制约专家做出有违"常识"的判断,是对单个科研成果进行公正评价的有效方法。而以科研成果为指标的评价,随着评价对象的扩大,方法的采用应更多依赖计量学指标,同行评价的作用正在逐级递减。

推广以定量指标为基础的代表作同行评价制度,既可以发挥定量评价在质量保障中的客观、简便和公正的优势,也可以借助同行专家的专业眼光弥补定量评价在研究过程和内容评价上的盲点。同时,运用科学计量学方法对科研人员提供的代表性成果质量进行定量表征,并将其作为辅助材料提交同行专家,有利于协助专家对代表性成果进行更准确判断,也可以通过将同行专家评价结果与定量评价信息之间的显著差异进行审核,以形成制衡机制。

(2)减少定量评价使用范围,延长评价周期,降低消极影响。

当前,定量评价不仅贯穿于高校科研人员职业生涯全过程,而且前置到了研究生培养环节,在评价周期上则表现为短期、频繁使用,存在明显的滥用和误用。定量评价结果对处于不同阶段的科研人员具有不同的意义,其数据采集周期也直接影响评价结果。因此,结合当前转变政府职

---

① 楚宾. 难有同行的科学[M]. 北京:北京大学出版社,2011:1,191-208.

② Shi Y, Rao Y. China's research culture[J]. Science, 2010, 329(5996):1128-1128.

能,推进现代大学制度建设,加快内涵发展的方向,应该适当缩减定量评价的使用范围,延长评价周期。这可以从两个方面率先突破:一是取消研究生毕业需公开发表论文的硬性要求,为培养创新人才"减负";二是减少考核频率,延长考核周期,为科研人员潜心学术"减负"。在我国不同类型高校及其下属学院中,普遍存在要求研究生,特别是博士研究生必须公开发表学术论文才能毕业的硬性规定。反观美国、德国、英国等发达国家,以学位论文为载体,以完整的科学方法训练为基础,将探索并解决某一科学问题作为研究生教育的本质,博士研究生均没有公开发表学术论文的强制规定,更不要提硕士研究生。在按时毕业压力下,定量指标成为扭曲研究生学习动机,抑制其探索与发现好奇心与乐趣的"道具",从人才培养源头营造了焦虑与浮躁氛围。对于教学科研人员来说,在知识经济时代,希望停留在"闲逸的好奇"驱动下从事科学研究工作显然不合时宜。但是借助定量指标,通过以年为单位"打工分"对科研工作进行考核并作为奖励或酬金发放标准,不仅有违科研规律,而且加剧了科研工作"短平快"的肤浅与浮躁。应积极推动从年度考核向聘期考核转变,辅之以代表性成果评价,为教师潜心学术"减负"。这些也是避免定量指标误用和滥用的有效举措。

（3）制定定量指标质量标准对数量标准的单向替代机制。

正如原因分析部分所言,在目前高校科研评价或以科研成果为定量指标开展的各类评价（如职称晋升）中,涉及定量指标的合格或优劣标准的内容,有些标准侧重质量要求,有些在基本质量线上侧重数量要求。但是在评价对象达不到更高质量标准要求时,普遍存在可以用数量更多的较低质量标准成果替代难以达到的质量较高成果的机制。从治理的角度看,必须割断允许较低质量标准成果对较高质量标准成果的替代机制,建立高质量成果对低质量成果的单向替代,让低水平重复的"数量标准"失去意义。在评价实践中,一方面应牢固确定高质量成果的不可替代性,另一方面结合代表作评价制度,确定参与评价成果的最高数量限额。在成果质量高的前提下,数量可以低于限额,超过数量上限的成果则不允许纳入评价,让低水平成果失去意义。英国大学科研评价制度最新政策"卓越研究框架 2014"(Research Excellence Framework,REF2014)即采用了这一办法,学校挑选出来参与评价的人员,每人最多只能提交 4 篇成果。在评估周期内(2008.1.1—2013.7.31)新入职人员根据其入职时间,工作时间越短,需提交的成果数量越少,2011 年 8 月 31 日以后入职的教师只需提交 1 篇成果。[①] 对提交成果数量上限的规定,可以引导科研人员避免将成果数量作为研究目标。

(4) 加强个性化数据平台建设,提高定量评价基础数据质量。

有效的科学计量指标需要充分的数据支撑。因此,建设涵盖宽广的学科领域、足够长的时间周期和尽量多科研人员信息的数据库非常必要。[②] 1963 年科学引文索引的出现,极大促进了科学计量学的繁荣和定量指标在科研评价中的快速推广。20 世纪 90 年代,随着互联网发展和文献数据库电子化,一些国内外知名数据平台包括 Web of Knowledge、斯高帕斯(Scopus)、谷歌学术搜索(Google Scholar)、中文社会科学引文索引(CSSCI)、中国知网(CNKI)等快速发展起来。上述数据平台将科研评价和分析功能作为重要内容,为高校科研管理提供了便利的接口。由于不同数据库收录的期刊数量、期刊学科归属划分、期刊收录时间差异等,基于不同数据平台检索获得的定量评价数据并不一致,单个平台的数据质量也有待进一步提高。更为重要的是,上述平台在提供基础文献数据同时,对特定组织、特定科研群体及其科研人员缺乏针对性,需要做大量的数据清理工作,增加了数据使用难度。因此,针对单个组织机构建立并逐步完善适合个性化评价需要的内部共享科研产出数据平台,已经成为提高定量指标科学性的重要基础工作。

---

① REF2014. Panel Criteria and Working Methods [EB/OL]. http://www. ref. ac. uk/pubs/2012-01/#d. en. 69569.

② Andras P. metrics, quality, and management implications [J]. Research Evaluation,2011,20(2):90 - 106.

第七章

从竞争向普惠转变：迎接海外青年人才大规模回流

创新驱动实质是人才驱动。十九大报告提出要坚定实施科教兴国战略、人才强国战略和创新驱动发展战略，要培养造就一大批具有国际水平的战略科技人才、科技领军人才、青年科技人才和高水平创新团队。在未来很长一段时间，建设一支规模宏大、结构合理、素质优良的创新人才队伍，激发各类人才创新活力和潜力，调动和充分尊重广大科技人员的创造精神，激励他们争当创新的推动者和实践者，使谋划创新、推动创新、落实创新成为自觉行动，是释放创新第一动力的必然要求。通过政策引导吸引海外人才回流是国家发展必然阶段。同时，人才回流也与经济政治、科学技术、社会环境等要素有着密切联系。① 通过研究，我们既对海外高层次人才的分布及引进现状有了更清晰的掌握，也对完善海外人才引进政策，特别是青年人才引进和发展政策有了更多思考。

一、深化青年人才支持政策研究的意义

党的二十大报告提出青年强，则国家强。当代中国青年生逢其时，施

① 石凯,胡伟.海外科技人才回流动因、规律与引进策略研究[J].中国人力资源开发,2006(02)：23 - 26.

展才干的舞台无比广阔,实现梦想的前景无比光明。青年一代有理想、有本领、有担当,国家就有前途,民族就有希望。中华民族伟大复兴的中国梦必将在一代代青年的接力奋斗中变为现实。青年科技人才是青年一代中的重要组成部分,是践行创新使命的核心力量,青年时期是科技人才创新创造的黄金期。对 16 世纪以来 1 200 多位世界杰出的自然科学家和 1 900 多项重大科技成果的研究发现,自然科学创新发明的最佳年龄是 25—45 岁①。可以说,青年科技人才队伍的整体能力和水平直接关乎创新型国家建设和科技强国建设进程。

根据《中国科技人才发展报告(2018)》,2017 年我国研发人员总量达到 621.4 万人,折合全时工作量人员为 403.4 万人年,这也是我国研发人员总量(全时当量)在 2013 年超过美国之后,连续 5 年一直居世界第 1 位。学术/科技劳动力"买方市场"已经形成,人才遴选的标准越来越高,具有博士学位已经成为许多用人单位招聘的基本要求。我国在岗青年科技人才的基本素质和创新能力已达到了较高的水平。这些具有高学历的青年科技人才,其中很大一部分或在国外获得博士学位或具有长期海外学习工作经历,眼界开阔,学习能力强。

但是青年人才处于人生收入相对较低,开支相对较大的发展阶段。青年人才处于职业起步阶段,收入普遍较低,当成家、置业、养育孩子、赡养老人等人生阶段必须面对的事项集中碰到了一起,生活压力、经济压力不容小觑。同时,青年人才大多数既处于学术共同体的底层,也处于所在机构内部科层体系的底层,既无行政权力也无学术权力。青年人才的现实境况,决定了其在发展条件或资源的获得上没有话语权,必须通过外力支持。因此,探索符合青年人才特点的支持政策已成为新时代人才发展的一项重要课题。

学术界关于青年人才支持政策的研究已比较丰富,主要从青年人才薪酬激励制度、青年人才计划的现状与成效和政府科技人才管理困境等

---

① 赵红州. 关于科学家社会年龄问题的研究[J]. 自然辩证法通讯,1979(04):29-44.

方面展开研究。

　　薪酬制度是青年人才成长过程的一个关键因素。优化成长环境、推动自我职业发展，前提是有效解决青年人才的薪酬保障问题。近年我国青年人才的薪酬水平在持续增长，在取得成效的同时，还必须清醒地意识到青年人才薪酬保障还处在新旧问题叠加阶段。青年人才的薪酬制度缺乏立法层面和多部门协同与一体化的顶层设计[①]。知识价值与薪酬标准不匹配，重"帽子"、轻"贡献"。青年人才薪酬与其头上的"帽子"捆绑在一起。"帽子"作为人才水平和贡献的一个方面体现，确实有一定的合理性，但是当"帽子"成为唯一评定标准，戴有"帽子"的青年人才薪酬水平远高于普通青年海归人才，必然扭曲青年人才的行为[②]。

　　青年人才计划与项目取得了良好成效，但其弊端也日渐显现。受资助的青年人才成长迅速，并显现长期效益[③]。海外青年学术人才引进政策在一定程度上弥补了国内与海外市场的收益差异，在吸引高层次人才全职回国方面起到了积极作用[④]。也有一些学者指出，青年人才项目存在着名目繁多、重复申报、多头资助以及过度低龄化的问题[⑤]。此外，学者们还从制度意义上探讨了人才项目与学术精英的生成机制，认为人才项目作为一套分配资源的奖励系统深度参与了科研人员的社会分层及我国学术精英的生成[⑥]。

---

　　① 李晓轩，李萌.我国科技人才队伍建设的三个问题[J].中国科学院院刊，2010，25(06)：588-594，601.

　　② 谢冬平.人才项目嵌入与高校学术劳动力市场状态审视[J].高校教育管理，2017，11(06)：41-46.

　　③ 李伟清，孙绍荣，庄新英，宋玉强，顾倩倩.政府人才计划在培养科技人才中的作用——上海市"青年科技启明星计划"实施调查与分析[J].研究与发展管理，2013，25(05)：135-142.

　　④ 孙玉涛，张帅.海外青年学术人才引进政策效应分析——以"青年海外高层次人才引进计划"项目为例[J].科学学研究，2017，35(04)：511-519.

　　⑤ 刘玲，崔洁，张银玲，张玮，彭向阳.浅析我国自然科学基金青年人才培养制度[J].科技管理研究，2014，34(19)：109-112，118.

　　⑥ 蔺亚琼.人才项目与当代中国学术精英的塑造[J].高等教育研究，2018，39(11)：1-12.

政府人才管理的困境源于协同治理的缺失。由于受计划经济体制惯性的影响,人才的市场配置作用得不到有效发挥,制度性分割严重。政府政出多门、力量分散,特别是各类人才经费、项目、评奖交叉重叠,对人才难以起到有效激励①。要打破这一困局需要构建起涵盖域内政府、市场和社会组织为主体的多中心、多手段人才网络治理模式来提升政府人才治理水平②。部分学者强调要想赢得竞争主动权,把人才优势转化为发展优势,需要着力破解体制机制的约束和支持性政策的不力以及人才培养、使用、转化的机制与经济社会的发展需求相脱节的问题③。

已有的理论研究、政策研究中,在方法的采用上,除基于文献分析的经验研究或者思辨研究,新的实证研究也逐步增加。近年来,采用政策文本的内容分析和基于特定对象的问卷研究已经逐渐有所体现。这些为本课题组均提供了有益的借鉴。

在已有研究基础上,本课题采用问卷调查、访谈和政策文本分析方法,以在沪高校青年科技人才为研究对象,基于青年人才职业生涯早期阶段既无行政权力也无学术权力的现实和收入相对较低、开支相对较大的人生阶段特点,聚焦其发展瓶颈,特别是所需支持及实际获得的支持与支持方式中存在的问题,提出建议。

二、普惠性支持政策的内涵与特征

(一)"普惠"概念的由来及内涵

"普惠"最初是一个经济学概念,用于国际贸易领域。"普惠制"全称普遍优惠制,是指在国际贸易中发达国家对发展中国家或地区出口产品给予的普遍的、非歧视的、非互惠的优惠关税,是在最惠国关税基

---

① 中国社会科学院人事教育局.中国人才制度分析报告[M].北京:中国社会科学出版社,2016.

② 朱志成,乐国林.我国高层次创新型青年科技人才的成长与管理分析[J].科技进步与对策,2011,28(09):142-146.

③ 吴江.用新体制新机制释放人才活力[J].人民论坛,2017(15):30-33.

础上进一步减税以至免税的一种特惠关税。普惠制的三项基本原则是：① 普遍的，即所有发达国家对所有发展中国家出口的制成品和半制成品给予普遍的优惠待遇；② 非歧视的，即应使所有发展中国家都无歧视、无例外地享受普惠制待遇；③ 非互惠的，即非对等的，发达国家应单方面给予发展中国家特别的关税减让，而不要求发展中国家给予同等优惠①。

在我国，"普惠"的概念已被金融、社会福利和学前教育等领域迁移运用，其目的都是为社会弱势群体提供一定的优惠政策或给予财政支持，以保障他们的基本权益。如有学者②通过金融史学分析，认为"普惠"属于要素配置、分配和再分配的分析范畴，是一个经济伦理问题，其本意是包容性，核心问题是公平性。而要素配置、收入和财富分配中的"排他"——即普惠或包容的对立面，在缺乏主动矫正机制的前提下，必然会导致"掠夺"。因此，"普惠"实际上被定义为要素禀赋不均等分配前提下的要素配置矫正、收入初次分配和再分配——成为有利于各方的选择。有学者③从现实性和政策发展的角度，将由政府和社会基于本国（或当地）的经济和社会状况，向全体国民（居民）提供的、涵盖其基本生活主要方面的社会福利称之为"适度普惠型社会福利"。还有学者④在论及普惠性幼儿园的内涵时指出，普惠性是对公平性、公益性的继承和延伸，它指向的对象是大众或全民，而不仅仅单单指向某一个体或某一群体，受惠者不分种族、地域、年龄、性别，一律平等地享受国家和政府的优惠政策。可见，"普惠性"的核心内涵是公平性，追求实质公平而且非程序公平，恰恰符合许多扶持性质的公共政策"精神内核"。

---

① MBA 智库. 普惠制［EB/OL］. https：//wiki. mbalib. com/wiki/％E6％99％AE％E6％83％A0％E5％88％B6.

② 王颖,曾康霖. 论普惠：普惠金融的经济伦理本质与史学简析［J］. 金融研究,2016(02)：37 - 54.

③ 王思斌. 我国适度普惠型社会福利制度的建构［J］. 北京大学学报（哲学社会科学版）,2009,46(3)：58 - 65.

④ 秦旭芳,王默. 普惠性幼儿园的内涵、衡量标准及其政策建议［J］. 学前教育研究,2012(07)：22 - 26，30.

因此,学者吴忠民①从社会公正的角度深刻地总结到,普惠性公正是基于这样一种普遍利益需求和基本价值取向,即:追求人的尊严基本生存底线的平等对待。这一基本利益需求的满足使得每个社会成员相应地具有了"作为一个人"所应当具有的平等"资格",是与生俱来的平等权利。因此,所谓普惠性公正,主要是指围绕基本的"平等对待"问题,每个社会成员的基本尊严以及基本生活底线都能够得到保证,并随着社会的不断发展而得以不断提高,每个社会成员都能够持续获得由社会发展带来的益处,全体社会成员能够共享社会发展成果。具体来看,普惠性公正大致包括这样一些内容:围绕着保护社会成员平等的基本权利(生存权、发展权以及受教育权等)这一前提,社会(主要是通过国家)通过必要的税收及再分配的方式,为每个社会成员提供必要的并且是与该社会经济水准和财政实力相适应的社会保障、义务教育保障、公共卫生保障、就业保障以及住房保障等等。

(二) 青年科技人才普惠性支持政策的内涵及特征

2016 年中共中央印发《关于深化人才发展体制机制改革的意见》,首次提出要"建立健全对青年人才普惠性支持措施"。2020 年上海市第十五届人民代表大会第三次会议通过了《上海市推进科技创新中心建设条例》,也用了同样的提法。在人才政策语境下的"普惠性支持"还未被明确界定。本课题组结合已有研究,对普惠性支持政策作如下界定:政府有关部门为保障青年科技人才拥有基本的职业尊严、生活质量和科研条件而实施的普遍优惠政策。青年科技人才作为科技创新的主力军,肩负着伟大的使命,职业受社会尊重、拥有体面的生活和基本的科研条件是其"与生俱来"的权利。与普惠性支持政策相对应的政策,被称为差异性支持政策,即对不同类型的青年科技人才采取不同的政策措施。目前较为流行的差异性支持政策主要有两种,一是针对高层次青年人才的竞争性人才

---

① 吴忠民.普惠性公正与差异性公正的平衡发展逻辑[J].中国社会科学,2017(09):33-44.

计划与项目,二是针对海外青年人才的引进政策。后者通常也是竞争性的人才计划。

　　差异性与普惠性支持政策都是针对处于科研职业生涯早期的青年科技人才的优惠政策,即通过年龄限制来避免青年科技人才与资深的科研人员的不对等竞争。但与差异性支持政策相比,普惠性支持政策具有两个突出特征:其一,普惠性支持政策具有"普遍性",其支持对象是普遍惠及的,而不单单是具有某种特征的少数的个体或群体;其二,普惠性支持政策具有"非歧视性",受惠者不分种族、地域、年龄、性别,不论学术出身、人才头衔,被平等地对待。普惠性支持与差异性支持政策的详细比较见表 7-1。

表 7-1　普惠性支持政策与差异性支持政策的比较

类　　别	普惠性支持政策	差异性支持政策
价值取向	公平优先	效率优先
支持对象	广泛群体	少数群体
支持内容	回应共性问题	处理特殊问题
个人成本	较小(政府支持)	较大(个人努力)
政策目标	提供人才成长土壤	激发人才创新活力

注:作者归纳整理。

三、青年人才支持政策的竞争性特征及其问题

(一)多层次青年人才支持政策现状

1. 人才计划成为支持青年科技人才的主要抓手

　　1978 年全国科学大会召开,随着"科学的春天"的到来,我国科技事业和各行各业开始逐渐蓬勃发展。高层次人才培养制度、职称制度、科技奖励制度、人才聘用与流动制度、引智工程等各项政策制度逐步走上正轨。随着国门打开,恢复出国留学制度,迎来公派留学、自费留学等一波又一

波的"留学热"。到20世纪90年代初,我国在海外留学工作的人才已具备相当规模。这批人才构成中国现代化建设急需的"宝藏"。1994年,中科院作为一个研究机构,率先推出我国海外科技人才引进计划"百人计划"。随后,各种人才引进计划或举措逐步兴起。2008年,中组部实施"海外高层次人才引进计划",成为我国最高层次的海外引进人才计划。海外人才引进计划为我国引进了一大批高层次科技人才,带回了我国建设急需的各方面丰富的科技前沿知识,有力推动了我国科技和教育现代化建设。但是,海外人才计划的实施在海外和本土人才之间造成了很大差距,既有物质上的,也有精神上的,引起了本土人才的失落感,在一定程度上影响了本土人才的积极性。因此,中组部于2012年启动"国家高层次人才特殊支持计划",支持国内高校毕业的高层次人才。二者与教育部"长江学者奖励计划"一起构成了我国三大具有重要影响力的高层次人才计划。

2011年颁布的《国家中长期科技人才发展规划(2010—2020年)》指出,要"实施支持青年科技人才脱颖而出的政策"。三大人才计划纷纷设立了"青年"专项。青年专项实施以来,为我国培养了数量可观的青年科技人才。具体支持措施与实施情况见表7-2。

表7-2 国家代表性青年科技人支持计划实施现状

启动时间	计划名称	支 持 方 式	支 持 规 模	年龄限制(<)
2010年	青年千人	3年,100—300万元的科研经费补助,50万元一次性生活补助,地方政府和用人单位予以1∶1配套	前14批(2011—2017年)共资助3 535人,年均资助505人	40岁
2012年	青年拔尖	3年,120—240万元人才经费支持	前3批(2013—2018年)资助740名青年人才,年均资助约123人;其中,自然科学领域570人	男35岁女37岁

续　表

启动时间	计划名称	支 持 方 式	支 持 规 模	年龄限制（<）
2015 年	青年长江	3 年，每年 10 万元，要求高校完善支持政策（招生指标、科研经费等）	2015—2017 年，共计资助 704 人，年均资助约 235 人；其中，自然科学领域 500 人	38 岁

注：作者归纳整理。

2. 国家自然科学基金青年科技人才项目资助体系基本形成

为进一步贯彻落实国家中长期人才发展规划纲要的部署，加强对创新型青年人才的培养，完善国家自然科学基金人才资助体系，自然科学基金委决定自 2012 年起设立优秀青年科学基金项目。作为人才项目系列中的一个项目类型，优秀青年科学基金项目与 1987 年设立的青年科学基金项目和 1994 年设立的国家杰出青年科学基金项目之间形成有效衔接，构成了国家自然科学基金青年科技人才项目资助体系（见表 7 - 3）。

表 7 - 3　国家自然科学基金青年科技人才项目资助体系

项目名称	支 持 对 象	资助规模及额度
青年项目	广泛的青年科学技术人员；年龄要求男性未满 35 周岁，女性未满 40 周岁	2010—2019 年累计资助 152 733 人，年均资助约 15 273 人，每项资助约 20 万元
优青项目	支持在基础研究方面已取得较好成绩的青年科技学者；年龄要求男性未满 38 周岁，女性未满 40 周岁	2012—2019 年累计资助 3 398 人，年均资助约 340 人，每项资助额 130 万元
杰青项目	在基础研究方面已取得突出成绩的青年学者；年龄未满 45 岁	2010—2019 年累计资助 2 260 人，年均资助 226 人，数学、管理科学 245 万元/项，其他领域每人 350 万元/项

数据来源：资料来源于国家自然科学基金委员会官网。

近年来,国家自然科学基金青年科技人才项目的申报竞争激烈。如图 7-1 所示,国家自然科学基金资助体系的三个青年人才项目资助率在2010—2019 年间均呈现总体下降趋势,且项目层次越高,资助率越低。"优青"与"杰青"项目的资助率在 2019 年有所提升,而资助面较广的青年科学基金项目资助率自 2014 年以来一直呈下降趋势。

图 7-1　国家自科基金青年科技人才项目资助体系
2010—2019 年资助率变化趋势

数据来源:根据各年度国家自然科学基金资助项目报告统计。

3. 博士后制度成为培养青年科技人才的基础工程

博士后制度是独具特色的培养高层次创新型青年人才的重要制度。我国博士后制度自 1985 年建立以来,培养了一批高层次创新型人才,取得了一批重要科研成果,为推动科技进步和经济社会发展做出了积极贡献。截至 2019 年底,全国共有 6 700 多个博士后科研流动站、工作站,累计招收 20 万多名博士后研究人员。如图 7-2 所示,我国博士后进站人数总体呈上升趋势,年增长率总体呈下降趋势,并逐渐趋于平稳。

2015 年 12 月国务院办公厅发布《关于改革完善博士后制度的意见》(国办发〔2015〕87 号),指出要坚持博士后制度培养青年人才的基本方向,推动博士后制度成为吸引、培养高层次青年人才的重要渠道,并将博士后

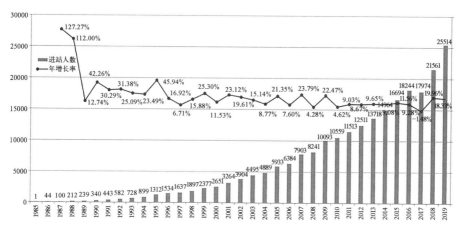

图7-2　我国博士后进站人数年度变化趋势

数据来源：根据中国博士后网站数据统计。

研究人员日常经费标准由每人每年5万元提高到每人每年8万元。

为鼓励和支持具有创新思维和创新能力的年轻优秀博士后研究人员开展科研工作,博士后科学基金会于1990年正式成立,发展至今已形成一套较为完整的博士后资助体系。2019年度,博士后科学基金资助金额95 137万元,资助博士后研究人员9 834人。其中,面上资助8 015人,特别资助1 389人,"博士后创新人才支持计划"资助400人,资助出版优秀学术专著30部①。"博士后创新人才支持计划"于2016年启动,用于择优遴选一批应届或新近毕业的优秀博士,专项资助其从事博士后研究工作。2016—2019年,"博士后创新人才支持计划"共资助了1 300名优秀博士,每人每年资助30万元,两年60万元,其中40万元为博士后日常经费,20万元为博士后科学基金。

4. 中央高校基本科研业务费为普惠性支持作出了积极探索

为贯彻实施《国家中长期科学和技术发展规划纲要(2006—2020年)》,提升高等学校自主创新能力、原始创新水平与高层次人才培养水平,财政部、教育部在前期对清华大学等14所高校进行试点的基础上,从

---

①　数据来源于中国博士后科学基金会网站。

2009 年开始面向 92 所中央高校全面实施"中央高校基本科研业务费资金专项"。2015 年,中央高校预算拨款制度改革,该资金作为中央高校项目支出体系的六大专项之一延续实施,成为对中央高校基本科研活动稳定支持的专项资金。2009 到 2019 年间,国家财政投入逐年递增(从 15 亿增长到 51 亿),高校受助面不断扩大,支持力度显著提高,主要用于支持高校 40 周岁以下青年教师和在校学生开展自主科学研究工作,提升中央高校服务国家发展战略能力、自主创新能力和高层次人才培养能力。这对处于科研起步、急需科研经费和项目支持的青年教师来说,无疑是一种"雪中送炭"的支持。

为顺利实施中央高校基本科研业务费专项资金,财政部、教育部于 2016 年 9 月发布《关于印发〈中央高校基本科研业务费管理办法〉的通知》,进一步修改完善专项资金的管理制度,建立健全提升高校自主科技创新能力的长效机制。近年来,高校作为中央高校基本科研业务费专项资金项目管理的责任主体,在专项资金的管理制度框架下,对新时期高校青年科技人才培养模式作出了积极的探索。

2019 年,财政部预算评审中心组织第三方机构和专家成立绩效评价工作组,选取了 7 个省(市)的 19 所高校对中央高校基本科研业务费开展了绩效评价①。评价认为,专项经费作为高校"稳定支持、自主安排"的非竞争性科研经费,一定程度上改善了中央高校科研过于依赖竞争性经费的状况。专项自设立以来对中央高校青年教师资助覆盖率达到 80.33%,为高校科研人员特别是青年教师潜心科研提供了有力保障,成为青年教师学术成长的种子基金,发挥了"稳军心、定心丸"的作用。评价期内专项绩效目标超额完成,取得一批科研成果,高校承担国家重大科研任务的能力不断提升。中央高校基本科研业务费专项支持制度得到高校教师普遍认可,教师满意度达到 81.9%。同时评价也发现,专项支持内容仍需进一步明确,部分高校把专项经费大量用于撬动竞争性科研资源;部分高校未充分结合自身发展规划及人才成长规律,项目类型设置缺乏系统性,专项

---

① 数据来源于《教育部 2019 年度部门决算》。

经费使用管理尚有较大提升空间。

（二）人才计划与项目"过度竞争"引致多重问题

1. 支持规模赶不上青年科技人才队伍增长速度，竞争日趋激烈

竞争性资源的有限供给与日渐扩大的青年人才需求相矛盾，使得青年人才项目申报竞争日渐激烈。改革开放至 20 世纪末，我国的人才队伍曾面临着青黄不接的困境。在这种情况下，集中有限资源，"及早筛选，重点培养"的方式成为人才政策的不二选择。许多人才项目便是在这一时期设立，如国家自然科学基金杰出青年科学基金项目、上海市青年科技启明星计划等等。1999 年高校扩招以后，我国迎来了一个科技人力资源快速增长的时期。根据《中国科技人才发展报告（2018）》，我国科技人力资源总量持续增长，R&D 人员总量（全时当量）连续五年稳居世界第一，并且科技人才队伍年龄结构更趋年轻化。

受制于政府科研投入，人才项目具有很强的规划性，每年的资助规模有限且在相当一段时间内固定。因此，人才项目"供不应求"是常态。一方面是相对有限的人才项目资助规模，另一方面是我国每年的博士生毕业生和海外归国青年人才数量持续增长，青年人才项目已难以支撑日渐扩大的青年科技人才队伍。许多刚步入科研职业生涯的青年人才被人才项目的遴选标准拒之门外，人才项目对青年人才的培养与支持作用十分有限。

2. "不入选则出局"的规则施予青年人才巨大压力

在我国，科技人才的成长呈现出"人才项目依托"与"人才项目嵌套"的特点，人才项目彼此衔接，形成一个先后有序的等级系统，成为塑造科技精英的制度性力量。此前已有研究通过统计发现[①]，自 2007 年超过一半以上的新增院士从国家杰出青年科学基金获得者中产生，而 55 岁以下的年轻院士几乎由国家杰出青年科学基金获得者垄断；截至 2017 年

---

① 蔺亚琼.人才项目与当代中国学术精英的塑造[J].高等教育研究，2018，39（11）：1-12.

8月,尽管青年类人才项目仅实施数年(2—6年),但自2015年开始,超过50%的年轻"杰青"(不高于40岁)来自四类青年人才项目入选者("青年海外高层次人才引进计划""长江学者奖励计划青年长江学者""优秀青年科学基金"和"青年拔尖人才");而四类青年项目也呈现出交叉重叠的特点,"青年长江学者"和"青年拔尖人才计划"分别有70.11%、60.18%的入选者获得了其他青年人才项目的资助。本课题研究除发现同一层次的人才项目存在交叉重叠外(在沪四所"双一流"建设A类高校2019年度"国家杰出青年科学基金"在入选前,有82%的人曾获得至少1项国家级人才青年项目,50%的人曾获得至少2项国家级人才项目),还进一步发现不同层次人才项目的叠加效应。从人才发展路径来看,较低层次人才项目已成为较高层次人才项目的入场券,科技人才成长呈现出顺着人才项目"杆子"向上爬的特点。

人才项目裹挟的物质资源、学术认可及发展前景,在科研领域已经形成了一种新的等级与身份制度①。与此同时,人才项目也日渐外化成为评价高校、科研院所科研水平的指标。各科研机构为争夺"项目人才",竞相开出优厚条件。"项目人才"与"非项目人才"之间似乎形成了难以逾越的"沟壑",二者在薪资待遇、科研资源和职业发展上存在着很大的区别。有人才标签的学者,犹如戴上了"皇冠"。这种顺着人才项目"藤蔓"发展的学术职业道路,使得青年科技人才不得不把很大部分目光聚焦在青年人才项目申报上。因此,在学术职业生涯早期获得人才项目与否,将在很大程度上决定青年科技人才未来的职业生涯走向。"不入选则出局"的规则,使得青年科技人才不得不为人才项目竞相角逐。

3. 人才标签"低龄化"易扭曲青年科技人才成长环境

课题组通过对20份代表性人才项目政策文本②中申报人的年龄限制

①　蔺亚琼. 人才项目与当代中国学术精英的塑造[J]. 高等教育研究,2018,39(11):1-12.

②　课题组选取的代表性人才项目包括8项国家级青年人才项目,8项上海市青年人才项目,4项校级青年人才项目;选取高校为在沪四所"双一流"建设A类高校;数据均来源于官方政策文件。

进行提取并按项目启动年份统计发现,青年人才项目资助呈现出"低龄化"的趋势(如图 7-3 所示)。新近出台的青年人才项目年龄限制偏低,如 2016 年启动的博士后创新人才支持计划要求申报人年龄在 31 周岁以下。有学者统计了前 14 批"青年海外高层次人才引进计划"入选者的年龄分布,发现入选者的平均年龄为 34.2 周岁,最小年龄 25 周岁,年龄均值和极值均呈现低龄化趋势,而且超低龄入选者数量也在不断增加①。

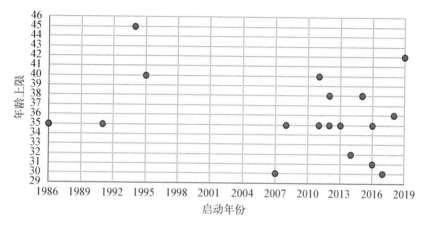

图 7-3 青年人才项目年龄上限散点图

数据来源：根据青年人才项目政策文本整理。

青年科技人才项目以年龄作为政策工具,支持特定年龄以下青年科技人才,有利于提高科技人力资源配置效率,克服科研领域的"马太效应",兼顾学术竞争的公平性。但由于选优资源本身具有稀缺性,它不仅强化了内部符合年龄者之间的竞争压力,而且对超龄者造成一种被剥夺和被边缘化感,进而放弃本应付出的努力,反而影响到公平与效率②。人才项目的低龄化在一定程度上顺应了我国科技人才队伍的时代变迁。但同时它也致使激烈的竞争前移至职业生涯早期,甚至是研究生培养阶段。

---

① 徐凤辉,王俊.中国高层次青年人才项目实施现状分析[J].中国青年研究,2018(07)：107-113,94.

② 阎光才.学术生命周期与年龄作为政策的工具[J].北京大学教育评论,2016,14(04)：124-138,188.

竞争的前移也意味着科技人才的职业生涯早期阶段的压缩，有可能扭曲人才成长的环境。在这种情况下，青年科技人才科研活动的目的、价值取向是否会出现扭曲甚至被颠覆，学术职业的吸引力是否会因此降低，从而使科研领域失去一批有竞争力的人才，都是值得深思的问题。

青年科技人才的职业规划首要的任务是要解决发展方向问题。青年科技人才职业发展的方向，是以培养有"头衔"的高层次人才为导向，还是以促进青年科技人才产生原始创新的科研成果为导向，其背后蕴含的价值定位是完全不同的。

（三）"重引轻育"的政策倾向存在改进空间

一段时间里我国在青年科技人才的选聘、激励和考评方面，加强了对海外引进人才（含海外归国人才）的倾斜和支持力度，对本土培养的青年科技人才有所忽略。主要体现在以下方面：

在人才招聘方面，一些高水平大学和科研机构将"海外高层次人才引进计划""长江学者""青年海外高层次人才引进计划"等高端人才作为重点，即使面向应届博士毕业生招聘，多数要求具有海外博士学位或海外博士后经历，本土培养的博士毕业生就业机会较为狭窄。在本课题所选取的在沪15所高校中，近7成"双一流"建设高校（含一流学科建设高校）对应聘者的海外留学经历有要求。在人才计划选拔方面，除了专门针对海外人才的引进计划以外，其他一些人才计划对申请者的海外教育或工作经历比较看重，本土青年科技人才在竞争学术资源和职业发展空间方面处于人为限制的劣势。这一方面成为推动本土培养青年科技人才积极开展国际化的动力，另一方面从客观上看，也是职业发展额外的压力来源。

"重引轻育"推动了青年科技队伍的国际化程度，同时也压缩了本土青年科技人才的发展空间。青年人才的成长既依赖其所在组织的文化熏陶，也有其自身的成长规律。一些本土培养的青年科技人才在职业发展的多个重要环节，相对于海外归国人才，受到更多的来自学缘的外在制约，平添了额外的发展障碍。目前国内高校、科研机构和研发企业的青年科技队伍中，仍以本土培养人才为主，妥善处理这一主力群体与日益增多的海外人才之间的同轨发展，成为一个牵涉到国家、政府、高校等多个层面的协同问题。这对充分调动和发挥本土青年人才扎根中国实践开展研究的天然优势，对调动其投身科学事业的积极性、主动性和创造性，具有重要作用。

四、构建以普惠性为主的海归人才引进与发展政策的建议

如前所述，差异性青年科技人才支持政策的负面效应逐渐显现，过度竞争的科研环境将导致青年人才科研价值扭曲和行为失范，"重引轻育"的政策倾向不利于本土青年科技人才的发展。在全球科技竞争升级、国家保护主义抬头的国际形势下，自主培育青年科技人才成为走向创新型国家的必由之路。海外人才引进政策应从重资金投入逐渐转向营造更好的学术生态环境。因此，应逐渐构建起以普惠性支持为主的青年科技人才支持政策体系，营造一个公平公正，可以潜心研究的科研环境。

（一）政策重心下移构建以用人单位为主体的普惠性支持政策体系

人才项目实质上是政府凭借权力介入科研领域的管理方式，尽管注入了类似市场的竞争机制，但行政逻辑依然清晰。政府的这种强干预政策，导致了许多意料之外的负面结果。项目制政策实施使得我国科研单位（高校）为争取项目与应对项目制考核需求，以获得资源与身份的双重优势，具有越来越突出的（指标）生产性与功利性组织特征。在规划目标与具体指标引导下的科研人员，一方面表现出理性选择的利益偏好、"搭便车"和高风险创新研究规避取向，另一方面又因为自主空间压缩和功利性追求而承受内在的价值冲突①。实施普惠性支持政策，需要政府实现对项目治理逻辑的突破，重新定位自身，进一步赋予科研单位和科研人员更大自主权，释放创新创造活力。具体而言，应逐步建立以政府支持与监

①　阎光才. 政策情境、组织行动逻辑与个人行为选择——四十年来项目制的政策效应与高校组织变迁[J]. 高等教育研究，2019，40(07)：33-45.

督、科研单位自主管理、科研人员自主研究的体制机制，将"科研权力"还给科学家。从可行性而言，唯有数量众多的用人单位才能支撑起广泛的青年科技人才。

（二）聚焦青年科技人才生活与科研迫切需求设计普惠性政策举措

本课题调查表明，青年科技人才需要生活和科研上的支持，推进普惠性支持政策应以此为靶心。生活需求方面包括薪酬津贴、户籍安排、住房安置、子女入学、配偶工作等，其中薪酬津贴需求最为旺盛。建议地方政府对青年科技人才实施10％—15％的个税优惠政策，以增加青年科技人才收入水平，保障其体面的生活。科研需求方面包括科研合作氛围、工作的自主性、申请科研项目支持、科研经费等。建议地方政府整合已有人才项目资源，效仿中央高校科研基本业务费制度，设立青年科技人才科研起步专项经费，以每人每年5万元的标准（假定），为高校、科研机构和部分企业的青年科技人才提供科研启动经费。此外，除了"物质待遇"支持，更应注重营造良好的"软环境"，如鼓励科研合作，对合著成果制定合理的评价标准，为青年科技人才提供项目申报相关培训，定期举办或邀请参加国际学术会议。

（三）从根本上营造各类青年科技人才同台竞技的创新环境

实施普惠性支持政策，需要对本土和海归青年人才一视同仁。具体可以从以下三个方面着手：其一，引导高水平大学和科研机构取消青年教师选聘过程中对海外教育背景的强制性要求，为本土青年人才与海归人才提供同等竞聘机会。其二，除了专门针对海外引进人才的专项资助计划，取消各级各类人才支持政策评选中对申请者海外学历的强制性规定或倾斜。其三，坚持多元评价，多维发展，本着"同台竞技、同轨运行"的原则，以水平、能力和贡献作为衡量人才的最重要标准，建立并完善以质量与贡献为导向的分类评价指标体系。

第八章

结　语

党的二十大报告明确提出，要实施更加积极、更加开放、更加有效的人才政策，加快建设世界重要人才中心和创新高地，促进人才区域合理布局和协调发展，着力形成人才国际竞争的比较优势。高等学校作为科技是第一生产力、人才是第一资源、创新是第一动力的重要结合点，在新发展阶段，从更好地服务世界重要人才中心和创新高地建设，更好地支撑自身高质量发展的要求出发，在海外人才引进和使用方面，仍然需要持续的加强和改进。

一、以引进促培养，引育并举

世界范围的海外华人高层次人才群规模较大。我国的五千年发展史彰显了华人身上具有的深厚的国家凝聚力、强大的民族向心力，和独特的文化认同感，海外华人高层次人才正是我国在现阶段急需并且能够扩充壮大的高层次科学人才群。我们应正视海外华人高层次人才滞留海外的现实。从我国目前的国情看，高层次科学人才单纯依靠本土培养是不现实的，也是不经济的。加大从美国等发达国家和地区引进海外华人高层次人才回国效力的力度，不但可极大地缓解我国在创新型国家建设中遇到的高层次人才紧缺的难题，而且可以间接地带动国内科学人才培养体系与国际接轨。

二、加强从世界一流大学引进力度

从数据分析结果看,海外归国高层次人才中,具有海外博士学位的比例总体上呈现下降趋势,从 1994—1998 年的年均 44％,下降到了 2006—2010 年期间的年均约 24％;另一方面,在海外获得博士学位的归国人员中,博士学位授予学校的层次逐渐降低。来自世界顶尖大学的博士学位获得者所占比例很小,来自世界 Top10 大学的仅占海外博士学位获得者总数的 9％。具有海外博士学位的归国人员比例下降,海外博士学位授予学校排名靠后的所占比例越来越高,反映出我国引进的海外人才质量存在下滑。根据对海外华人高层次人才所作的机构分布研究,96.47％的海外华人高层次人才在世界一流大学里担任教职,从事科研教学工作,余下约 3.53％分布于研究机构、商业公司和医院。按学科细分,计算机领域的华人英才在大学的集中度最高,达到 98.65％,物理领域英才的大学集中度最低,但也有 93.88％。因此,我国应将国外的大学作为海外华人高层次人才引进的首选目标机构。在发达国家新冠疫情阴霾尚未散去,国际形势动荡变革的严峻形势影响下,海外回国就业人员越来越多。但是在非对称信息下,海外高层次人才引进面临诸多市场风险,导致回国高层次人才质量难以保证。[①] 加强引进在世界一流大学留学和工作的华人学者,是规避信息不对称情况下海外高层次科技人才选聘的逆向选择风险的重要途径。世界一流大学的办学标准和学术同行评价标准本身是一个重要的人才筛选机制,可以为提升我国高层次人才引进质量提供重要保障。

---

① 程志波.信息不对称下海外高层次科技人才选聘的逆向选择风险与规避[J].科技进步与对策,2011,28(19):145-149.

三、加强一流大学建设与人才引进相互支撑

从归国人才的机构和区域分布情况看,"985 工程"高校和中科院是我国海外归国高层次人才归国后的首选地,而中国科学院及其下属研究所在资助学者赴海外工作并成功引进其回国方面表现突出。在高水平大学和高水平研究机构集中的地区,海外归国高层次人才的集中度相对较高。处于中西部地区的安徽、甘肃、吉林等内陆省份在人才引进数量上能居于前十名,就是很好的例证。从人才的地域与机构分布交叉分析看,内陆不发达省份引进人才的良好表现主要归功于区域内拥有少数高水平大学或研究机构。如安徽省的引进人才集中在中国科学技术大学和中科院等离子体物理研究所,甘肃省集中在兰州大学和中科院近代物理研究所,吉林省集中在吉林大学和中科院长春应化所。高水平大学和研究所对内陆省份吸引高层次人才发挥了重要的平台作用。归国高层次人才职业稳定性相对较高,也反映了高水平大学和研究机构作为人才蓄水池的有效性。

四、营造更加便利、公平、公正的人才发展机制与环境

以"待遇"引人"拼"的是各地已有经济实力和基础,得到的是人才引进的"数字"和"人才引进的政绩"。受经济发展水平和地方政府财力的限制,以待遇引人,则中西部地区始终无法与东部地区竞争。但冲着"待遇"而来的人才,其对更高"待遇"的期待也使其工作心态处于摇摆中。引进"女婿气走儿子",引进"小女婿气走大女婿"是常有的事。以"事业"引人拼的是各地发展的潜力和机会,得到的是引进人才的"才能"和"地方发展的政绩"。以事业引人,各地可以立足区域特色,实现东、中、西部在人才引进上的差异化竞争。从发展机遇看,中西部地区人才浓度较低,且处于加快开发开放的大战略中,更有利于人才脱颖而出。因此,建议国家对地方政府引进海外人才给予引导,鼓励地方政府人才引进从给予"超国民待遇"向"国民待遇"转变,以发展机会等软环境引人,以事业为载体,通过营

造公平、公正的人才竞争机制和发展环境,让引进人才得到持久的"高收益"。

五、进一步加强实质性引进,减少柔性引进比例

改革开放之初,为了减少海外人才回国的顾虑,减少引进单位与原单位之间薪酬差距造成的负面影响,"不求为我所有,但求为我所用"成为政府人才引进和使用中的重要方式之一,也成为人才战略中领导者开放包容理念的重要体现。"不求为我所有,但求为我所用"的"柔性引进"成为我国海外人才引进中的一种较为普遍的现象,也成为地方政府和单位海外高层次引进人才的主要使用方式。"柔性引进"人才对加强地方和所在单位的国际交流,促进国际合作,拓宽国际视野发挥了积极作用。但是随着我国本土人才队伍的发展壮大,随着海外人才引进规模得越来越大,以及引进人才待遇逐步与国际接轨,"柔性引进"比例越用越高。"柔性引进"更多的成为建立"关系"的纽带,而不是为了利用其智力和技能,已经成为引发引进人才"贡献"与"待遇"不一致讨论的原因之一。在当前阶段,建议国家加强引导,鼓励地方政府改变人才使用观念,加强实质引进,逐步减少柔性引进比例,大幅提高柔性引进人才的标准,以提高引进人才的效益。

六、加强人才引进支持政策对中西部地区的"转移支付"

"转移支付"是财政政策中上级政府对下级政府因财力与事权不匹配而给予特定支持的方式,是上一级政府对下级政府的无偿补助。在我国地区发展不平衡和高水平大学区域分布不均衡的现实情况下,各地在海外高层次人才引进中的竞争力也是不均衡的。中西部地区发展相对落后,对高层次人才需求更迫切,但地方政府支持能力相对较弱。因此,建议参照财政"转移支付"方式,加强国家在海外高层次人才引进上对欠发达地区的"转移支付"。即在国家层面(包括部委层面)的海外高层次人才

引进计划中,除了全国统一申报,公平、公正的评审支持外,单列面向中西部地区的支持名额,在不降低人才入选标准的前提下,扩大中西部地区的海外人才引进规模,弥补地方政府海外高层次人才引进上可能存在的差距,为中西部地区的发展提供更大的人力资源支持。

七、建立国际高层次人才交流项目,鼓励海外人才来华

学术交流无国界。例如,日本举办国际性学术交流会议,并通过邀请国外科学家到日本参观、讲学、旅游的形式,尽可能吸引国际上各学科的精英人才来日本作短期双边学术交流。同样,韩国对于人才吸引方式也非常灵活多样,相继出台了"长期回国计划""临时回国计划""外国学者访问计划"以及"科技工作计划"等不同类别的针对性计划①。德国"洪堡学者"的宗旨则是"一朝洪堡人,永久洪堡人",即各国学者在完成短期交流后,把"洪堡精神"传承至人才来源国,成为科技、文化的交流纽带。近几十年来,我国在国家及各省市层面都设有国际交流项目,以吸引国际专家来华从事学术交流。各个学科领域出现了具备专业技能的"洋专家"的身影,他们为我国带来国外先进的理念和研究方法。但尚未形成如美国"富布莱特计划"或德国"洪堡学者"这样具有国际影响的交流项目,因而很难引入国际高端的创新人才或专家。我们有必要集中投入经费,通过借鉴美国和德国的经验,设立国际知名的合作交流项目,旨在引入高端创新人才来华从事短期(6—24 个月)或中长期的研究或教学工作。

八、建设"中国海外人才国际网络/平台"

德国和印度都有很大一批高端人才在美国从事科学研究及创新工作,通过设立"德国学术国际网络"和"在美印裔专业人才网络",帮助德国和印度与这些高端人才始终保持紧密的联系,通过定期向他们发布国内

①　白春礼.人才与发展　国立科研机构比较研究[M].北京:科学出版社,2011.

最新的科技动态以及人才招聘信息的形式,使德裔和印裔的海外研究人员了解国内目前在国际上所处的优势领域。与德国、印度一样,我国有很大一部分人才目前在欧美等国从事高端技术的研发。尽管教育部已设立留学服务中心,但由于其职能主要是为出国留学、留学回国、来华留学和国际教育交流与合作提供相应的服务,因而尚未从吸引留学人才回国的角度或对仍在海外的学者进行管理和服务。考虑到这一现状,我国成立一个专门针对吸引留学人才的机构就变得迫在眉睫。借鉴德国和印度的经验,我们可以建立"中国海外学者国际网络",促进人才回流或增大国际影响。

九、完善多层次教学科研骨干海外研修支持计划

在海外归国高层次人才中,无海外博士学位但有连续一年及以上海外工作经历的人占到了 65.5%,他们以博士后、访问学者、合作研究等形式,在海外高水平大学和研究机构从事研究工作。选送优秀教学科研骨干赴海外高水平大学和研究机构从事博士后或长期访问研究,已经成为高校和中科院人才队伍建设的重要手段,是加强海外高层次人才队伍建设极具针对性和有效性的重要途径,也是与世界高水平大学和研究机构建立学术联系和科研合作关系的重要纽带。目前,"国家公派高级研究学者及访问学者"计划每年派出人员已经达到 2 500 人[①],上海等发达省份、部分高水平研究型大学、中科院也出台了专门的骨干教师和科研人员海外进修支持计划。在政策力度逐步加大,海外访问研究人员规模进一步扩大的背景下,应加强国家、省市、学校等多层次海外访问研究支持计划的衔接,扩大资助计划覆盖面并严格海外访问计划科学性与可行性论证,进一步提高海外访学人员海外合作学校的层次,提高与本学科领域的世界高水平研究机构的合作比例,为提高海外人才培养引进质量提供保障。

---

① 国家留学基金委. 国家公派高级研究学者及访问学者项目选派计划[EB/OL].
http://www.csc.edu.cn/Chuguo/baa9ae154ba94951b3e85e222787d916.shtml.

参考文献

[1] AAUP. The 1940 Statement of Principles on Academic Freedom and Tenure [EB/OL]. http://www. aaup. org/state-ments/Redbook/1940stat. htm.

[2] Ackers L. Moving People and Knowledge: Scientific Mobility in the European Union [J]. International Migration, 2005: 43 (5): 99 - 132.

[3] Ackers L. Moving People and Knowledge: the Mobility of Scientists within the EU [R]. Liverpool: Working Papers University of Liverpool, 2004.

[4] AMSTATNEWS. 2016 - 2017 Academic Salary Survey[EB/OL]. http://magazine. amstat. org/blog/2017/03/01/2016-2017-academic-salary-survey/, 2017 - 03 - 01.

[5] Andras P. metrics, quality, and management implications [J]. Research Evaluation, 2011, 20(2): 90 - 106.

[6] Baldwin R G, Chronister J L. Teaching without tenure: Policies and practices for a new era[M]. Johns Hopkins University Press, 2715 North Charles Street, Baltimore, MD 21218 - 4363, 2001.

[7] Ball P. Index aims for fair ranking of scientists[J]. Nature, 2005, 436(7053): 900.

[8] Baruch, Y. , Budhwar, P. S. , & Khatri, N. Brain drain: Inclination to stay abroad after studies [J]. Journal of World

Business，2007，42(1)：99 - 112.

[9] Barbezat D A. Salary differentials by sex in the academic labor market[J]. The Journal of Human Resources，1987，22(3)：422 - 428.

[10] Bénassy J P，Brezis E S. Brain drain and development traps[J]. Journal of Development Economics，2013，102：15 - 22.

[11] Blackaby D，Booth A L，Frank J. Outside offers and the gender pay gap：Empirical evidence from the UK academic labour market[J]. The Economic Journal，2005，115(501)：F81 - F107.

[12] Chait，Richard P. The Question of Tenure [M]. Harvard University Press，2002：130.

[13] Czellar J，Lanarès J. Quality of research：which underlying values? [J]. Scientometrics，2013，95(3)：1003 - 1021.

[14] Dietz J，Chompalov I，Bozeman B，et al. Using the curriculum vita to study the career paths of scientists and engineers：An exploratory assessment[J]. Scientometrics，2000，49(3)：419 - 442.

[15] Docquier F，Machado J. Global competition for attracting talents and the world economy[J]. The World Economy，2016，39(4)：530 - 542.

[16] Docquier F，Rapoport H. Globalization，brain drain，and development[J]. Journal of economic literature，2012，50 (3)：681 - 730.

[17] Garfield E. Journal impact factor：a brief review[J]. Cmaj，1999，161(8)：979 - 980.

[18] Garfield E，Merton R K. Citation indexing：Its theory and application in science，technology，and humanities[M]. New York：Wiley，1979：63.

[19] Gibson J，McKenzie D. The economic consequences of "brain drain"of the best and brightest：Microeconomic evidence from five

countries[J]. The Economic Journal, 2012, 122(560): 339 – 375.

[20] Hemlin S. Scientific quality in the eyes of the scientist. A questionnaire study[J]. Scientometrics, 1993, 27(1): 3 – 18.

[21] Hicks, J. R. The theory of wages[M]. Springer, 1963.

[22] Hirsch J E. An index to quantify an individual's scientific research output[J]. Proceedings of the National academy of Sciences, 2005, 102(46): 16569 – 16572.

[23] International Organization for Migration. World Migration Report 2022 [EB/OL]. https://publications. iom. int/books/world-migration-report-2022.

[24] InterNations. Expat Insider 2022 [EB/OL]. https://cms-internationsgmbh. netdna-ssl. com/cdn/file/cms-media/public/2022-07/Expat-Insider-2022-Survey. pdf.

[25] Irwin V, De La Rosa J, Wang K, et al. Report on the Condition of Education 2022. NCES 2022 – 144 [J]. National Center for Education Statistics, 2022.

[26] Ivancheva L, Gourova E. Challenges for career and mobility of researchers in Europe[J]. Science and public policy, 2011, 38(3): 185 – 198.

[27] Jin B, Rousseau R. China's quantitative expansion phase: exponential growth but low impact[C]//Proceedings of ISSI. 2005, 2005: 10th.

[28] Kaufman J. China reforms bring back executives schooled in US [J]. Wall Street Journal, 2003: 6.

[29] Kostoff R. The use and misuse of citation analysis in research evaluation[J]. Scientometrics, 1998, 43(1): 27 – 43.

[30] Kubler J, Lennon M C. Association of Commonwealth Universities 2006 – 07 Academic Staff Salary Survey [J]. Association of Commonwealth Universities, London, 2007: 11 – 30.

[31] Lauedl, G. Migration currents among the scientific elite [J]. Minerva, 2005, 43(4): 377 – 395.

[32] Maslow A H. A theory of human motivation [J]. Personality: Critical concepts in psychology, 1998: 169 – 188.

[33] Metcalf H, Rolfe H, Stevens P, et al. Recruitment and retention of academic staff in higher education [J]. National Institute of Economic and Social Research, 2005: 10 – 157.

[34] Moed H F. Citation analysis in research evaluation [M]. Springer Science & Business Media, 2006: 25 – 34, 77 – 90.

[35] Moore W J, Newman R J, Terrell D. Academic pay in the United Kingdom and the United States: the differential returns to productivity and the lifetime earnings gap [J]. Southern Economic Journal, 2007, 73(3): 717 – 732.

[36] National Science Board. The State of U. S. Science and Engineering 2022 [EB/OL]. https://ncses. nsf. gov/pubs/nsb20221.

[37] National Center for Education Statistics. Percentage of degree-granting postsecondary institutions with a tenure system and percentage of full-time faculty with tenure at these institutions, by control and level of institution and selected characteristics of faculty: Selected years, 1993 – 94 through 2020 – 21 [EB/OL]. https://nces. ed. gov/programs/digest/d21/tables/dt21_316. 80. asp? current=yes.

[38] Nerdrum L, Sarpebakken B. Mobility of foreign researchers in Norway[J]. Science and Public Policy, 2006, 33(3): 217 – 229.

[39] Office for National Statistics (ONS). Annual Survey of Hours and Earnings [EB/OL]. https://www. ons. gov. uk/employmentandlabourmarket/peopleinwork/earningsandworkinghours/bulletins/annualsurveyofhoursandearnings/2015provisionalresults, 2015.

[40] Okubo Y. Bibliometric Indicators and Analysis of Research

Systems: Methods and Examples[Z]. OECD Science, Technology and Industry Working Papers. OECD Publishing. 1997: 8 – 9, 24 – 31.

[41] Olby R. Quiet debut for the double helix[J]. Nature, 2003, 421 (6921): 402 – 405.

[42] O'Meara K A. Beliefs about post-tenure review: The influence of autonomy, collegiality, career stage, and institutional context[J]. The Journal of Higher Education, 2004, 75(2): 178 – 202.

[43] Ong L L, Mitchell J D. Professors and hamburgers: an international comparison of real academic salaries[J]. Applied Economics, 2000, 32(7): 869 – 876.

[44] Organisation for Economic Co-operation and Development. The global competition for talent: Mobility of the highly skilled[M]. Paris: OECD Publishing, 2008.

[45] Peixoto J. Migration and policies in the European Union: highly skilled mobility, free movement of labour and recognition of diplomas[J]. International Migration, 2001, 39(1): 33 – 61.

[46] Penfield T, Baker M J, Scoble R, et al. Assessment, evaluations, and definitions of research impact: A review[J]. Research evaluation, 2014, 23(1): 21 – 32.

[47] Reeves C A, Bednar D A. Defining quality: alternatives and implications[J]. Academy of management Review, 1994, 19(3): 419 – 445.

[48] REF2014. Panel Criteria and Working Methods [EB/OL]. http://www. ref. ac. uk/pubs/2012-01/#d. en. 69569.

[49] Salt J. International Movements of the Highly Skilled[R]. OECD Publishing, 1997.

[50] Saxenia, A. The New Argonauts: Regional Advantage in a Global Economy[M]. Harvard University Press, 2006: 5 – 55.

［51］Shi Y，Rao Y. China's research culture［J］. Science，2010，329 (5996)：1128－1128.

［52］Smith M. Gender，pay and work satisfaction at a UK university ［J］. Gender，Work & Organization，2009，16(5)：621－641.

［53］Song H. From brain drain to reverse brain drain：Three decades of Korean experience［J］. Science，Technology and Society，1997，2 (2)：317－345.

［54］Stephan P，Scellato G，Franzoni C. International competition for PhDs and postdoctoral scholars：What does (and does not) matter ［J］. Innovation policy and the economy，2015，15(1)：73－113.

［55］Stevens P A. Academic Salaries in the UK and US［J］. National Institute Economic Review，2004，190：104－113.

［56］The Russell Group of Universities. Russell group profile［EB/OL］. http：//www. russellgroup. ac. uk/media/5420/profile-of-the-russell-group-june-2016. pdf，2016－5.

［57］Tseng Y F. Shanghai rush：Skilled migrants in a fantasy city［M］// The Cultural Politics of Talent Migration in East Asia. Routledge，2013：109－128.

［58］Ullman E L. Amenities as a factor in regional growth［J］. Geographical Review，1954，44(1)：119－132.

［59］UNISON Bargaining Support. London Allowances［EB/OL］. http：//www. ucea. ac. uk/en/empres/paynegs/randr/la/index. cfm，2014：1－6.

［60］University and Colleges Employers Association. UCEA Briefing：The higher education (HE) pay negotiations［R］. 2013：1－3.

［61］Verbeek A，Debackere K，Luwel M，et al. Measuring progress and evolution in science and technology － I：The multiple uses of bibliometric indicators［J］. International Journal of management reviews，2002，4(2)：179－211.

［62］Walker J，Vignoles A，Collins M. Higher education academic salaries in the UK［J］. Oxford economic papers，2010，62（1）：12 - 35.

［63］Watanabe，S. The brain drain from developing to developed countries［J］. International Labour Review，1969，99（4）：401.

［64］Ward M. The gender salary gap in British academia［J］. Applied Economics，2001，33（13）：1669 - 1681.

［65］白春礼.精心打造品牌.凝聚培养优秀创新人才——中国科学院"百人计划"十年历程的回顾与思考［J］.中国科学院院刊,2004（05）：323 - 327.

［66］白春礼.人才与发展 国立科研机构比较研究［M］.北京：科学出版社,2011.

［67］鲍威,吴红斌.象牙塔里的薪资定价：中国高校教师薪资影响机制［J］.北京大学教育评论,2016,14（02）：113 - 132, 191.

［68］贝尔纳.历史上的科学［M］.北京：科学出版社,1981：6 - 27.

［69］博登.同行评议［C］.国家自然科学基金委政策局译,1992：17.

［70］蔡蕾.高校薪酬制度改革的实践探索与路径选择［J］.浙江社会科学,2020（05）：151 - 155, 161.

［71］常有作,刘顺霞,闫志利.西方发达国家高校教师绩效工资制度的改革趋向及其借鉴意义［J］.河北科技师范学院学报（社会科学版）,2014,13（02）：87 - 91.

［72］陈昌贵,阎月勤.我国留学人员回归原因与发挥作用状况的调查报告（二）［J］.黑龙江高教研究,2000（06）：13 - 19.

［73］陈昌贵,粟莉.1978 - 2003：中国留学教育的回顾与思考［J］.中山大学学报（社会科学版）,2004（05）：115 - 119, 128.

［74］陈鹏.高校教师聘任制的法律透视［J］.中国高教研究,2005（01）：61 - 63.

［75］陈学飞.高等教育思想研究［M］.上海：上海教育出版社,1998：94.

［76］陈永明.大学教师聘任的国际比较［J］.比较教育研究,2007（02）：

37 - 41.

[77] 程志波.信息不对称下海外高层次科技人才选聘的逆向选择风险与规避[J].科技进步与对策,2011,28(19):145 - 149.

[78] 楚宾.难有同行的科学[M].北京:北京大学出版社,2011:1,191 - 208.

[79] 崔源.我国海外人才回流现状、问题及对策研究[D].山东大学,2010:13 - 15.

[80] 刁慧娜.高校教师劳动合同法律适用问题研究[D].吉林大学,2011.

[81] 高校教师薪酬调查课题组,王希勤,刘婉华,郑承军.高校教师收入调查分析与对策建议[J].中国高等教育,2014(10):27 - 29.

[82] 龚钰淋.行政法视野下的公立高校教师法律地位研究[D].中国政法大学,2011.

[83] 龚旭.科学政策与同行评议　中美科学制度与政策比较研究[M].杭州:浙江大学出版社,2009:23 - 27.

[84] 管培俊.关于新时期高校人事制度改革的思考[J].教育研究,2014,35(12):72 - 80.

[85] 郭竞成.农村居家养老服务的需求强度与需求弹性——基于浙江农村老年人问卷调查的研究[J].社会保障研究,2012(01):47 - 57.

[86] 国家自然科学基金委员会.国家杰出青年科学基金实施管理暂行办法[J].中国中医基础医学杂志,1997(S2):117 - 120.

[87] 国家自然科学基金委员会.1994 年度"国家杰出青年科学基金"评审结果揭晓[J].中国科学基金,1995(02):81 - 82.

[88] 国家留学基金委.国家公派高级研究学者及访问学者项目选派计划[EB/OL].http://www.csc.edu.cn/Chuguo/baa9ae154ba94951b3e85e222787d916.shtml.

[89] 冯建华.海外人才回流加快中国融入世界的步伐[N].北京周报,2009(10).

[90] 胡锦涛.中华人民共和国出境入境管理法[N].人民日报,2012 - 12 - 03016.

［91］胡晓东.我国高校教师绩效薪酬政策研究：逻辑演变、理论框架、未来发展［J］.国家教育行政学院学报,2020(01)：89-95.

［92］胡燕.高校教师聘用制度的国际比较［D］.华南师范大学,2003.

［93］胡咏梅,元静.中国高校教师工资差距的实证研究［J］.北京师范大学学报(社会科学版),2021(06)：27-49.

［94］胡咏梅,易慧霞,唐一鹏.高校教师收入不平等——基于中国和加拿大高校教师工资性年收入的比较研究［J］.中国高教研究,2016(11)：80-88.

［95］贾莉莉.英国大学教师工资制度的新变革［J］.比较教育研究,2004(07)：94.

［96］姜海珊.香港公立高校教师薪酬制度与激励机制及启示［J］.高教探索,2012(03)：57-61.

［97］姜乾之.构建全球人才流动与集聚的新范式［J］.探索与争鸣,2020(05)：142-148,160.

［98］蒋凯.终身教职的价值与影响因素——基于美国八所高校的经验研究［J］.教育研究,2016,37(03)：132-140,154.

［99］教育部科技委《中国未来与高校创新》战略研究课题组.中国未来与高校创新2011［M］.北京：中国人民大学出版社,2011.

［100］教育部."长江学者奖励计划"管理办法［EB/OL］.http://www.moe.gov.cn/srcsite/A04/s8132/201112/t20111215_169948.html.

［101］柯文进,姜金秋.世界一流大学的薪酬体系特征及启示——以美国5所一流大学为例［J］.中国高教研究,2014(05)：20-25.

［102］科学技术部.国家"十二五"科学和技术发展规划［EB/OL］.http://www.gov.cn/gzdt/2011-07/14/content_1906693.htm.

［103］孔祥智,徐珍源.农业社会化服务供求研究——基于供给主体与需求强度的农户数据分析［J］.广西社会科学,2010(03)：120-125.

［104］赖亚曼.美国高校教师薪酬外部竞争力分析及启示［J］.清华大学教育研究,2008,29(06)：90-96.

［105］李宝斌,许晓东.基于需求因子分析的高校教师激励措施探究［J］.

高等工程教育研究,2013(03):137-142.

[106] 李春浩,姜夫军. 人才跨国流动的影响因素[J]. 中国人才,2019(09):33-35.

[107] 李国杰. SCI 不是评价科研成果的唯一标准[N]. 光明日报,2006-10-24.

[108] 李辉. 废除还是完善——从明大之争看美国教授终身制的历史使命[J]. 西安外国语学院学报,2000(02):109-112.

[109] 李梅. 中国留美学术人才回国意向及其影响因素分析[J]. 复旦教育论坛,2017,15(02):79-86.

[110] 李培利,刘凤良,宋东霞. 高校教师长聘教职授予评价制度探析[J]. 中国人民大学教育学刊,2016(01):111-118.

[111] 李维. 我国研究型大学教师薪酬制度管窥[J]. 上海管理科学,2014(4):102-104.

[112] 李伟清,孙绍荣,庄新英,等. 政府人才计划在培养科技人才中的作用——上海市"青年科技启明星计划"实施调查与分析[J]. 研究与发展管理,2013,25(05):135-142.

[113] 李文江. 高校教师聘任制之法律研究[J]. 高等教育研究,2006(04):49-54.

[114] 李晓轩,李萌. 我国科技人才队伍建设的三个问题[J]. 中国科学院院刊,2010,25(06):588-594,601.

[115] 李燕萍,孙红. 我国科技人力资源开发的现状、问题及对策[J]. 科技进步与对策,2009,26(04):143-147.

[116] 李阳琇. 美国大学后终身制评估:30 年理论探索[J]. 江西师范大学学报(哲学社会科学版),2009,42(06):129-134.

[117] 李奕嬴,朱军文. 高校海归青年教师首聘期工作满意度的地域差异研究——基于 2008—2017 年 20 所城市调查数据的分析[J]. 高等教育研究,2018,39(11):56-63.

[118] 林琳. 中国的智力回流现状与原因初探[J]. 华中农业大学学报(社会科学版),2009(03):40-44.

[119] 林小英,薛颖.大学人事制度改革的宏观逻辑和教师学术工作的微观行动:审计文化与学术文化的较量[J].华东师范大学学报(教育科学版),2020,38(04):40-61.

[120] 蔺亚琼.人才项目与当代中国学术精英的塑造[J].高等教育研究,2018,39(11):1-12.

[121] 刘虹.美国高校教师长聘制的基本要素、内在机理及启示——基于加州大学的分析[J].高校教育管理,2020,14(06):86-95.

[122] 刘金伟,张荆,李君甫,等.北京高校教师薪酬满意度及其影响因素分析——基于北京地区18所高校教师的抽样调查[J].复旦教育论坛,2012,10(01):71-77.

[123] 刘玲,崔洁,张银玲,等.浅析我国自然科学基金青年人才培养制度[J].科技管理研究,2014,34(19):109-112+118.

[124] 刘孟玥.我国"985工程"大学教师队伍建设问题研究[D].兰州大学,2014:23.

[125] 刘明.学术评价制度批判[M].武汉:长江文艺出版社,2006:67-68.

[126] 刘强.高校教师"准聘长聘制度"建设思考——以西北工业大学教师聘用制度改革为例[J].中国高校科技,2016(03):50-51.

[127] 刘献君.高校教师聘任制中的若干关系[J].高等教育研究,2008(03):33-38.

[128] 刘旭东.国家特殊公职人员:高校教师法律地位的时代界定与法治意蕴[J].大学教育科学,2021(04):78-85.

[129] 鲁文辉.高校教师"准聘与长聘"职务聘任改革的制度逻辑反思[J].中国人民大学教育学刊,2021(03):104-115.

[130] 洛埃特·雷迭斯多夫.科研评价和科学计量学的研究纲领——二者关系的历史演变与重新定义[J].科学学研究,2004(03):225-232.

[131] 骆克任,何亚平.海外人才回流规模的预测及引进策略的若干思考[J].上海交通大学学报(哲学社会科学版),2005(04):48-52.

[132] 骆品亮,陈祥锋.研究型大学教师薪酬制度再设计研究[J].科研管理,2000(05)：10-15.

[133] 骆品亮,陆毅.我国研究型高校薪酬制度的研究[J].研究与发展管理,2004(02)：63-70.

[134] 马海涛,张芳芳.人才跨国流动的动力与影响研究评述[J].经济地理,2019,39(02)：40-47.

[135] 毛浩然,徐赳赳,娄开阳.话语研究的方法论和研究方法[J].当代语言学,2018,20(02)：284-299.

[136] 默顿.科学社会学　理论与经验研究　下[M].北京：商务印书馆,2017：573-766.

[137] MBA 智库.普惠制[EB/OL].https://wiki.mbalib.com/wiki/%E6%99%AE%E6%83%A0%E5%88%B6.

[138] OECD.研究与发展调查手册[M].北京：新华出版社,2000：75.

[139] 彭聃龄.普通心理学[M].北京：北京师范大学出版社,2003：329-330.

[140] 彭湃.德国大学教师聘任制改革及其启示——以初级教授职位的引入为例[J].外国教育研究,2015,42(02)：32-45.

[141] Peter A. Lawrence,李志忠.科学的不当评价[J].科学观察,2008(02)：1-4.

[142] 郄海霞.美国大学教授终身后评审制度的发展及启示[J].高教探索,2015(02)：45-49,60.

[143] 祁占勇.高校教师聘任合同法律性质的论争及其现实路径[J].高教探索,2009(03)：14-17.

[144] 秦旭芳,王默.普惠性幼儿园的内涵、衡量标准及其政策建议[J].学前教育研究,2012(07)：22-26,30.

[145] 仇勇,李宝元,董青.我国高校教师的薪酬制度改革研究——基于历史走势分析与国际经验借鉴[J].国家教育行政学院学报,2015(10)：84-90.

[146] 屈琼斐.美国大学终身聘任后评审制[J].比较教育研究,2006

(02)：52－56.

［147］芮宏.我国现行留学生政策改进刍议［J］.中国人才,2009(13)：
14－16.

［148］上海交通大学世界一流大学研究中心. Academic Ranking of World
Universities (ARWU)［EB/OL］. http://www.arwu.org/.

［149］沈红,熊俊峰.高校教师薪酬差异的人力资本解释［J］.高等教育研
究,2013,34(09)：23－31.

［150］沈红,熊俊峰.职业性别隔离与高校教师收入的性别差异［J］.高等
教育研究,2014,35(03)：25－33.

［151］申素平.论我国公立高等学校与教师的法律关系［J］.高等教育研
究,2003(01)：67－71.

［152］石凯,胡伟.海外科技人才回流动因、规律与引进策略研究［J］.中
国人力资源开发,2006(02)：23－26.

［153］孙玉涛,张帅.海外青年学术人才引进政策效应分析——以"青年海
外高层次人才引进计划计划"项目为例［J］.科学学研究,2017,35
(04)：511－519.

［154］田宇.美国研究型大学教师聘任制度研究［D］.吉林大学,2014.

［155］王保星,张斌贤."大学教师终身教职"的存废之争——美国大学教
师学术自由权利保障的制度分析［J］.教育研究,2004(09)：
77－84.

［156］王辉耀.海归时代［M］.北京：中央编译出版社,2005.

［157］王集权,焦伟.高校教师薪酬制度的现状及改革措施［J］.江苏高
教,2007(01)：126－127.

［158］王利耀.构建适合高校教师职业特点的薪酬制度研究［D］.西安电
子科技大学,2008.

［159］王丽萍.美国教授终身聘任后评审研究［D］.南京师范大学,2006.

［160］王敏.清华大学物理系准长聘制十年实践的思考［J］.清华大学教
育研究,2014,35(04)：101－106.

［161］王鹏炜.我国公立高等学校教师聘任制的法理学分析［D］.陕西师

范大学,2004.

[162] 王思斌.我国适度普惠型社会福利制度的建构[J].北京大学学报
(哲学社会科学版),2009,46(3):58-65.

[163] 王颖,曾康霖.论普惠:普惠金融的经济伦理本质与史学简析[J].
金融研究,2016(02):37-54.

[164] 王永春.天津市高校留学归国人才满意度分析——以天津市第十批
"海外高层次人才引进计划计划"为例[J].天津师范大学学报(社
会科学版),2017(01):59-64.

[165] 魏浩,王宸,毛日昇.国际间人才流动及其影响因素的实证分析[J].
管理世界,2012(01):33-45.

[166] 魏浩,赵春明,申广祝.全球人才跨国流动的动因、效应与中国的政
策选择[J].世界经济与政治论坛,2009(06):19-26.

[167] 吴江.用新体制新机制释放人才活力[J].人民论坛,2017(15):
30-33.

[168] 吴开华,覃伟桥.论教师聘任制的法律性质[J].教育评论,2002
(05):45-47.

[169] 吴瑞君,陈程.我国海外科技人才回流趋势及引才政策创新研究
[J].北京教育学院学报,2020,34(04):47-54.

[170] 吴绍琪,陈千,杨群华.研究型大学教师薪酬满意度调研[J].科研
管理,2005(05):152-156.

[171] 吴述尧.同行评议的对比研究[J].中国科学基金,1993(02):
133-137.

[172] 吴帅.府际关系视野下的我国海外引才政策同质化研究[J].中国
行政管理,2014(09):89-92.

[173] 吴忠民.普惠性公正与差异性公正的平衡发展逻辑[J].中国社会
科学,2017(09):33-44.

[174] 习近平.深入实施新时代人才强国战略 加快建设世界重要人才中
心和创新高地[EB/OL].http://www.gov.cn/xinwen/2021-12/
15/content_5660938.htm.

［175］熊丙奇.“高校教师长聘”符合学术规律［N］.中国教育报,2014-
　　　12-18(002).

［176］谢冬平.人才项目嵌入与高校学术劳动力市场状态审视［J］.高校
　　　教育管理,2017,11(06):41-46.

［177］谢文新,张婧.中、美、德三国高校教师薪酬制度比较与思考［J］.高
　　　教探索,2013(04):75-80.

［178］徐凤辉,王俊.中国高层次青年人才项目实施现状分析［J］.中国青
　　　年研究,2018(07):107-113,94.

［179］徐雷,王颖.公立高校教师法律地位的发展走向:公私法益交融下
　　　的特殊劳动者［J］.湖南师范大学教育科学学报,2019,18(02):
　　　56-63.

［180］徐晓忠,徐小军,傅锦彬,等.国外高校教师聘任制的特点及启示
　　　［J］.中国高教研究,2004(07):61-63.

［181］许典利.中国、美国以及德国三国大学教师薪酬制度比较［J］.继续
　　　教育研究,2016(04):106-108.

［182］阎光才.对大学人事制度改革的反思［J］.探索与争鸣,2003(10):
　　　1-4.

［183］阎光才.高校教师聘任制度改革的轨迹、问题与未来去向［J］.中国
　　　高教研究,2019(10):1-9,19.

［184］阎光才.学术生命周期与年龄作为政策的工具［J］.北京大学教育
　　　评论,2016,14(04):124-138,188.

［185］阎光才.政策情境、组织行动逻辑与个人行为选择——四十年来项
　　　目制的政策效应与高校组织变迁［J］.高等教育研究,2019,40
　　　(07):33-45.

［186］阎光才.学术聘任制度及其政策风险［J］.高等教育研究,2016,37
　　　(05):21-29.

［187］杨诚.吸引海外留学人才的政策与法律探讨［J］.太平洋学报,2009
　　　(01):52-60.

［188］杨海怡.高校“非升即走”人事制度改革探析［J］.教育发展研究,

2014,34(11):81-84.

[189] 杨慧,杨建林.融合 LDA 模型的政策文本量化分析——基于国际气候领域的实证[J]. 现代情报,2016,36(05):71-81.

[190] 杨丽丽.美国著名大学教师聘任制研究[D]. 华中科技大学,2006.

[191] 杨燕绥.应当建立高校教师薪酬延期分配制度[J]. 中国高等教育,2004(07):16-17.

[192] 杨毅.新中国高校教师聘任制度变迁研究[D]. 西南大学,2013:24-61.

[193] 应世昌.科技人才流入美国的原因及其对美国经济的影响[J]. 世界经济,1988(05):62-68.

[194] 叶芬梅.当代中国高校教师职称制度改革研究[M]. 北京:中国社会科学出版社,2009.

[195] 余传明,郭亚静,龚雨田,等. 基于主题时间模型的农村电商扶贫政策演化及地区差异分析[J]. 数据分析与知识发现,2018,2(07):34-45.

[196] 余荔,沈红.我国高校教师收入差距状况及其决定因素——基于2007年和2014年调查数据的比较分析[J]. 高等教育研究,2017,38(10):30-38.

[197] 袁本芳,何祥林.关于高校绩效工资分配公平性的思考——基于某地5所部属"211"高校校内津贴制度的比较分析[J]. 教育与经济,2011(02):49-53.

[198] 曾婧婧,邱梦真.当前我国高校教师职称评聘的特点——基于20所"985工程"高校的职称评聘细则[J]. 现代教育管理,2016(10):73-80.

[199] 詹姆斯·杜德斯达.21世纪的大学[M]. 刘彤等译. 北京:北京大学出版社,2005:32.

[200] 张慧洁.从价值取向看美、英、日三国高校教师工资制度改革[J]. 教师教育研究,2009,21(04):76-80.

[201] 张俊超.从教授会自治到大学法人化——日本大学教师聘任制的改

革趋势及启示[J]. 高等教育研究,2009,30(02):99-104.

[202] 张天.英国高校教师收入问题:挑战与应对[J]. 世界教育信息, 2010,24(12):39-42.

[203] 张维忠,岳增成.高中统计与概率教材内容编选比较——基于中国大陆、香港、台湾和澳大利亚高中教材的文本分析[J]. 全球教育展望,2015,44(04):95-103.

[204] 张彦.科学价值系统论 对科学家和科学技术的社会学研究[M]. 北京:社会科学文献出版社,1994:19-20,39-48.

[205] 赵丹龄,张岩峰,汪雯.高校教师薪酬制度的国际比较研究[J]. 中国高教研究,2004(S1):33-41.

[206] 赵红州.关于科学家社会年龄问题的研究[J]. 自然辩证法通讯, 1979(04):29-44.

[207] 朱军文,沈悦青.我国省级政府海外人才引进政策的现状、问题与建议[J]. 上海交通大学学报(哲学社会科学版),2013,21(01):59-63,88.

[208] 朱原,朱晓芸,孙伟琴,等.海外引进青年教师工作生活质量研究——基于模糊综合评价法的分析[J]. 浙江社会科学,2013(11):142-145,160.

[209] 朱志成,乐国林.我国高层次创新型青年科技人才的成长与管理分析[J]. 科技进步与对策,2011,28(09):142-146.

[210] 周光礼,彭静雯.从身份授予到契约管理——我国公立高校教师劳动制度变迁的法律透视[J]. 高等教育研究,2007(10):37-42.

[211] 周建中,施云燕.我国科研人员跨国流动的影响因素与问题研究[J]. 科学学研究,2017,35(02):247-254.

[212] 周作宇.美国终身教授制的变迁与启示[J]. 高等教育研究,2001(03):106-109.

[213] 中华人民共和国中央人民政府.中共中央组织部 人力资源社会保障部 公安部等25部门关于印发《外国人在中国永久居留享有相关待遇的办法》的通知[EB/OL]. http://www.gov.cn/zwgk/

2012-12/12/content_2288640. htm.

[214] 中华人民共和国中央人民政府.外专局　外交部　公安部关于印发《外国人才签证制度实施办法》的通知[EB/OL]. http://www.gov. cn/gongbao/content/2018/content_5296556. htm.

[215] 中华人民共和国教育部. 2019 年度出国留学人员情况统计[EB/OL]. http://www. moe. gov. cn/jyb＿xwfb/gzdt＿gzdt/s5987/202012/t20201214_505447. html.

[216] 中共中央组织部等 11 部委. 国家高层次人才特殊支持计划[EB/OL]. https://rcb. mju. edu. cn/2017/0712/c1140a33069/page. htm.

[217] 中国社会科学院人事教育局. 中国人才制度分析报告[M]. 北京:中国社会科学出版社,2016.

[218] 上海交通大学世界一流大学研究中心. 2017 世界大学学术排名[EB/OL]. https://www. shanghairanking. cn/rankings/arwu/2017.

[219] 清华北大综改方案获批两校均实施教师长聘制度[N]. 中国教育报,2014－12－16.

后 记

这本书的完成,对于我个人的学术职业发展来说,是一个阶段性的系统回顾和总结。博士毕业后,2010年作为课题负责人歪打正着申请获得了国家社科基金人口学的项目"海外归国高层次人才迁移规律及其政策环境研究"。这项课题与我此前以科学计量学方法开展高校基础研究能力评价研究的博士学习方向,差异较大。研究过程也是一个从头学习过程。课题后来虽然顺利结项,但鉴定专家认为课题对人才引进政策环境研究不够系统深入。这启发我重新思考习以为常的人才引进政策是否值得深入挖掘和研究。后来在教育部新世纪优秀人才支持计划、上海市浦江人才支持计划、上海市软科学研究项目资助下,我先后把高校人才政策作为主题,持续跟进做些专题研究。2016年顺利获批全国教育科学规划课题国家一般项目"高校海归青年教师首聘期满意度时空分异、影响因素与政策机理"(项目编号:BIA160116),特别将政策影响和政策机理作为一个重要内容纳入研究方案,课题组随后陆陆续续发表了一些成果。这本书能够顺利出版,直接得益于全国教育科学规划课题的资助,同时也离不开国家社科基金最早支持我启动人才研究,也得益于其他不同类型的资助,让我持续在这个主题下深入探索。这些获批立项的基金项目,在当时看起来是职称晋升的要件,但回头来看,却成为我持续开展这一主题研究的动力。在此,深感荣幸,深深致谢!

书稿是在阶段性研究成果基础上汇总整理,一些论文在此前已经公开发表。我在上海交通大学、华东师范大学工作时先后指导的学生,均以不同的方式为课题的研究做出了贡献,有些同学是阶段性成果的合作者,有些同学帮助审阅书稿初稿，修改补充最新的政策资料、参考文献，有些同学在课题结题过程中协助做了资料整理打印等工作。这其中包括上海交通大学工作期间的合作者和学生马春梅、李奕嬴、沈悦青、徐卉、王林春、丁思嘉、扎西达娃、陈洁修、尹星，在华东师范大学工作期间的合作者和学生王杰、邵玲芝等。本书一些章节是直接以合作发表的论文为主，一些章节是结题报告中的资料，一些是由合作提交的内部咨询报告改写完成。在这一主题上的持续研究，先后得益于同学们的合作和支持，对大家的贡献，表示深深的感谢！

我在上海交通大学高等教育研究院科技政策研究中心工作期间的同事刘莉博士、朱佳妮博士和杨希博士，也先后主持开展涉及科技人才、青年人才、海归人才等国家级课题研究。那些年我们结成了紧密的研究团队，相互讨论，相互支持，本书的完成也得益于大家的启发和帮助。虽然离开了中心，团队成员也各自发展，但是那些年大家亲密无间的合作和给予我的关爱，非常温暖。谢谢遇见！我也要诚挚感谢上海交通大学出版社责任编辑易文娟老师，长期以来，易老师以自己的专业和细致，给了我无所不能的支持！

由于书稿中部分章节的调查数据在不同阶段收集完成，数据更新存在技术障碍，这成为本书的一个缺陷。书中应该还存在很多其他的不足和疏漏，都是我的责任，恳请谅解。

朱军文

2022 年 9 月